Alfred und Sylvia Sobel
Stärke fürs Leben entwickeln

*Für unsere Tochter Bernadette
und die Brüder einer besonderen Schwester:
Benedikt und Vincent Sobel*

Alfred und Sylvia Sobel

Stärke fürs Leben entwickeln

So meistern Sie den Alltag
mit einem behinderten Kind

n^v

NEUFELD VERLAG

Die Ratschläge in diesem Buch wurden von den Autoren nach bestem Wissen erwogen und geprüft. Trotzdem kann keine Garantie übernommen werden. Eine Haftung der Autoren oder des Verlages für mögliche Personen-, Sach- und Vermögensschäden kann nicht übernommen werden.

Die Deutsche Bibliothek verzeichnet diese Publikation in der Deutschen Nationalbibliografie; detaillierte bibliografische Daten sind im Internet über www.d-nb.de abrufbar

Umschlaggestaltung: spoon design, Olaf Johannson
Umschlagabbildungen: Olesia Bilkei, jojof/Shutterstock.com
Satz: Neufeld Verlag
Herstellung: Beltz Grafische Betriebe GmbH, Am Fliegerhorst 8, 99947 Bad Langensalza

© 2018 Neufeld Verlag, Sauerbruchstraße 16, 27478 Cuxhaven
ISBN 978-3-86256-096-7, Bestell-Nummer 590 096

Nachdruck und Vervielfältigung, auch auszugsweise, nur mit Genehmigung des Verlags

www.neufeld-verlag.de / www.neufeld-verlag.ch

Bleiben Sie auf dem Laufenden:
newsletter.neufeld-verlag.de
www.**facebook**.com/NeufeldVerlag
www.neufeld-verlag.de/**blog**

NEUFELD VERLAG

INHALT

Eine Geschichte zum Einstieg: Willkommen in Holland 15

Vorbemerkung 17

1. »So ein Buch hätten wir uns gewünscht«
   Warum uns dieses Buch so am Herzen liegt 19
   Eltern berichten 19
   Warum wir dieses Buch geschrieben haben 20
   Was unser Buch von anderen unterscheidet 21
   Wie heißt es eigentlich richtig? 22
   Was erwartet Sie auf den nächsten Seiten? 23
   Wen möchten wir ansprechen? 24

2. »Das haben wir selbst erlebt«
   Unser Leben mit einer besonderen Tochter 25
   Problem Diagnose 26
   Kindergarten 27
   Die Suche nach der »richtigen« Schule 28
   Erste Schritte ins Berufsleben 30
   Übergang in die Selbstständigkeit 30

3. »Alles eine Sache der Perspektive«
   Auf Fähigkeiten statt auf Mängel sehen 33
   Worum es geht: Ein notwendiger Perspektivwechsel 34
   Gut zu wissen: Erkennen Sie Ihre Stärken 34
   Entwicklungspotenzial: Was ist das Geheimnis der Widerstandskraft, in Krisen über sich hinauszuwachsen? 35
   Die Bedeutung von sozialen Beziehungen 35
   Die Bedeutung von Persönlichkeitsmerkmalen 36

Die Bedeutung der Lebensweise 36
Verhaltensweisen, die aufbauend wirken 37
Sich der eigenen Stärken bewusst werden 38

4. **»Ich wusste gar nicht, wie stark ich sein kann«
Wie finde ich meine Ressourcen und Stärken?** 41
Eltern berichten 41
Worum es geht: Ganz neue Herausforderungen 42
Verbreiteter Irrtum: »Am besten machen wir uns, unsere
Bedürfnisse und unser Kind unsichtbar« 43
Gut zu wissen: Fähigkeiten werden freigesetzt 44

5. **»Es war der totale Schock!« Vom Umgang mit Diagnosen** 47
Eltern berichten 47
Worum es geht: Die Art und Weise der Diagnosemitteilung 49
Verbreiteter Irrtum: »Alle Ärzte sind kompetent und einfühlsam
bei der Mitteilung der Diagnose« 49
Wie wurde Ihnen die Diagnose mitgeteilt? 50
Mögliche Gedanken und Fragen: 51
Gut zu wissen: Vom Umgang mit Schicksalsschlägen 51
Gut zu wissen: Wer ist schuld? 52
Unsere eigenen Erfahrungen 53
Worum es geht: Über den Umgang mit der Opferrolle 54
Nicht mehr Opfer sein 55
Ermutigung von anderen Eltern 57
Aktionen, stärkende Worte oder Handlungen,
um die Opferrolle abzulegen 57
Entwicklungspotenzial:
Zuwachs an Handlungsfähigkeit, Wissen und Fertigkeiten 60
Auf folgende Weise können Sie Lebensmut und Stärke gewinnen 60
Ermutigung von anderen Eltern 63
Worum es geht: Bei fehlenden oder unklaren Diagnosen 64
Endlich eine Diagnose 65
Mehr Informationen 66
Thema Zahnarzt 66
Gut zu wissen: Spezialzentren können helfen 66

6. »Wir haben gelernt, kleine Schritte zu machen«
   Den Alltag bewältigen 69
   Eltern berichten 69
   Gut zu wissen: Der Anfangsstress kann bewältigt werden 70
   Worum es geht: Erwerb spezieller Pflegefertigkeiten 71
   Worum es geht: Umgang mit Versorgungssystemen 72
   Eine persönliche Erfahrung 73
   Übersicht über Leistungen 75
   Worum es geht: Zeitmanagement 75
   Verschaffen Sie sich eine Übersicht, welche Sachen erledigt
   werden müssen 76
   Ermutigung von anderen Eltern 77
   Gut zu wissen: Einen funktionierenden Alltag gestalten 77
   Entwicklungspotenzial: Stärken entwickeln 78
   Vier Möglichkeiten, eigene Stärken zu entdecken oder zu entwickeln 79
   Von anderen lernen 81
   Gut zu wissen: Körperliches Wohlbefinden ist wichtig 83
   Entwicklungspotenzial: Gesundheit 84
   Neue Wertvorstellungen und Fähigkeiten 84
   Entwicklungspotenzial: Wo liegen Ihre Stärken? 86
   Gut zu wissen: Warum Eltern sich sozial besonders engagieren 87
   Ermutigung von anderen Eltern: Das hilft im Alltag 88
   Mehr Informationen 90

7. »Auf die Lebenseinstellung kommt es an«
   Werte, Einstellungen und Spiritualität 93
   Eltern berichten 93
   Worum es geht: Einstellungen 94
   Gut zu wissen: Spiritualität 95
   Entwicklungspotenzial: Spiritualität 95
   Gut zu wissen 96
   Stärkende Worte und Handlungen 97
   Gut zu wissen: Verhalten in der Öffentlichkeit 98
   Worum es geht: Negative Gedankenmuster überwinden 100
   Entwicklungspotenzial: Sie können Ihr Denken verändern 100
   Blockierende Glaubenssätze auflösen 101

Beispiele für positive Gedanken: 102
Gut zu wissen: Reicht positives Denken? 102
Ziele erreichen 103
Gut zu wissen: Was zeichnet einen glücklichen Menschen aus? 108
Entwicklungspotenzial: Wege zum Lebensglück....................................... 109
Ein ungewöhnlicher Tipp 111

8. »Menschen, die uns Kraft geben können«
   Familie, Freunde und Bekannte.. 113
   Eltern berichten 113
   Gut zu wissen: Familie gibt Kraft 114
   Worum es geht: Hilflosigkeit der Umwelt 115
   Verbreiteter Irrtum: »Wir brauchen keine Hilfe«...................................... 116
   Gut zu wissen: Familie und Freundschaften 116
   Ermutigung von anderen Eltern.. 117
   Entwicklungspotenzial: Auf Mitmenschen zugehen 117
   Entlastung durch Loslassen 118
   Gut zu wissen: Freundschaften stärken uns... 119
   Verbreiteter Irrtum: »Gute Mütter sind selbstlos« 120
   Auszeiten... 121
   Das Ritual der Kaffeebohnen 122
   Verbreiteter Irrtum: »Väter engagieren sich kaum«..................................122
   Gut zu wissen: Der Spagat zwischen Familie und Beruf 123
   Verbreiteter Irrtum: »Besondere Kinder kann man
   nicht verwöhnen«...124
   Ermutigung von anderen Eltern...125
   Entwicklungspotenzial: Berufstätigkeit 125
   Fragen zur Berufstätigkeit 126
   So kann es gelingen: Der Einstieg ins Berufsleben 126
   Mehr Informationen zu Berufstätigkeit...127
   Gut zu wissen: Zur Rolle des Vaters in der Familie 127
   Raum und Zeit für besondere Bedürfnisse 128
   Gut zu wissen: Zur Rolle von Großeltern..129
   Einbeziehen der Großeltern 129
   Verbreiteter Irrtum: »Je größer die Behinderung,
   desto stärker die Belastung für die Familie«...130

Weitere Unterstützer finden 130
Suchen und pflegen Sie Freundschaften 131
Gut zu wissen: Vom Umgang mit Freunden und Bekannten 131

9. »Zusammen sind wir stark!« Partnerschaft 133
   Eltern berichten 133
   Worum es geht: Alltag als Herausforderung für die Partnerschaft 134
   Gut zu wissen: Gemeinsam statt einsam 135
   Entwicklungspotenzial: Kraftquellen für Paarbeziehungen.......136
   Stärkung der Partnerschaft...138
   Engagieren Sie sich für Ihre Partnerschaft 139
   Wie gelingt es, das Zusammenleben positiv zu prägen
   und Belastungen in den Hintergrund zu drängen?.................... 141
   Partnerschaft als Kraftquelle 142
   Wenn die Partnerschaft scheitert...142

10. »Immer steht mein Bruder im Mittelpunkt!«
    Geschwisterkinder... 145
    Geschwister und Eltern berichten 146
    Worum es geht: Die Rolle von Geschwistern...............................147
    Gut zu wissen: Die Bedeutung des Gleichgewichts
    innerhalb der Familie 148
    Verbreiteter Irrtum: »Geschwister interessieren sich nicht für
    die Behinderung und müssen darüber nicht informiert werden« 149
    Verbreiteter Irrtum: »Eltern behandeln alle Kinder gleich« 150
    Verbreiteter Irrtum: »Konflikte zwischen Geschwistern
    sind zu vermeiden« 151
    Gut zu wissen: Keine Sorge um die Entwicklung
    von Geschwisterkindern 151
    Entwicklungspotenzial: Was Eltern bei Geschwisterkindern
    tun können 152
    Die Chancen des Zusammenlebens 153
    Vergessen Sie die Freude nicht 154
    Ermutigung von anderen Eltern 155
    Mehr Informationen 155

Gut zu wissen: Sollen wir nach unserem besonderen Kind
noch weitere Kinder bekommen?...156

11. »Fördern wir unser Kind ausreichend?«
Wieviel Förderung braucht unser Kind?...159
　Eltern berichten 159
　Worum es geht: Eltern haben eine klare Vorstellung davon, was eine Therapie leisten soll – sie soll die »Störung« beseitigen 160
　Verbreiteter Irrtum: »Viele Therapien helfen viel« 161
　Welche Förderung ist die passende? 162
　Gut zu wissen: Partnerschaftlicher Umgang von Eltern
　und Fachleuten 164
　Bei Konflikten mit Therapeuten und Ärzten 164
　Verbreiteter Irrtum: »Eltern sind Hilfstherapeuten« 165
　Das ganze Kind im Blick 166
　Gut zu wissen: Vom Umgang mit Therapievorschlägen 167
　Mehr Informationen 168
　Verbreiteter Irrtum:
　»Fachleute kennen sich immer am besten aus«... 169
　Entwicklungspotenzial: Was Eltern leisten 170
　Mehr Informationen 173

12. »Zum Glück gibt es Hilfen«
Selbsthilfegruppen, Netzwerke und professionelle Hilfe 175
　Eltern berichten 175
　Gut zu wissen: Gemeinsam geht es oft besser..176
　Entwicklungspotenzial: Unterstützung durch andere 177
　Mehr Informationen zu Rehabilitation 179
　Worum es geht: Beratung 179
　Gut zu wissen: Was Selbsthilfegruppen leisten können 180
　Ermutigung von anderen Eltern 180
　Wie finde ich »meine« Selbsthilfegruppe? 181
　Mehr Informationen zu Selbsthilfegruppen 181
　Gut zu wissen: Wichtige Fragen bei der Suche nach
　Selbsthilfe- oder Elterngruppen 182
　Verbreiteter Irrtum: »Das schaffen wir alleine«..183

Entlastungsangebote nutzen 183
Mehr Informationen zu Unterstützungsangeboten 184

13. »Was wird aus unserem Kind?«
Kindergarten, Schule und Beruf 187
Eltern berichten 187
Gut zu wissen: Inklusion 188
Beratungsstellen für Inklusion 189
Worum es geht: Kindergarten... 189
Eigene Erfahrungen.. 189
Gut zu wissen: Angebote von Kindergärten 190
Die Kosten 191
Worum es geht: Schule 192
Gut zu wissen: Der Förderausschuss... 193
Eigene Erfahrungen.. 193
Orientierungshilfen bei der Wahl einer Schule 195
Gut zu wissen: Was ist das Besondere an Förderschulen? 195
Gut zu wissen: Was spricht für inklusive Regelschulen? 196
Ermutigung von anderen Eltern 198
Mehr Informationen zu Inklusion 199
Worum es geht: Beruf 199
Gut zu wissen: Einen Ausbildungsplatz finden mit Behinderung 200
Welche Aufgaben hat das Integrationsamt? 202
Eigene Erfahrungen.. 202
Gut zu wissen 204
Mehr Informationen zu Ausbildung und Beruf 204

14. »Wie soll es einmal weitergehen?«
Auch Kinder mit Behinderung werden erwachsen 207
Eltern berichten 207
Worum es geht: Sorge um die Zukunft... 208
Mehr Informationen zu Volljährigkeit 209
Entwicklungspotenzial: Selbständigkeit 209
Mehr Informationen zu Selbständigkeit 210
Verbreiteter Irrtum: »Später werden sich einmal die
Geschwister um das besondere Kind kümmern« 210

Entwicklungspotenzial: Wohnformen 211
Selbstbestimmung 212
Entwicklungspotenzial: So kann die Ablösung gelingen 213
Verbreiteter Irrtum: »Mit einem gewöhnlichen Testament
kann ich mein Kind absichern« 214
Mehr Informationen 215
Zuguterletzt 216

Anstelle eines Nachwortes **217**

Brief an unsere Tochter Bernadette **217**

Anmerkungen **219**

Adressen und Informationen **221**

Literatur **233**

Die Autoren **237**

»Du bist gewollt, kein Kind des Zufalls,
keine Laune der Natur!
Ganz egal, ob du dein Lebenslied in Moll singst oder Dur.
Du bist ein Gedanke Gottes, ein genialer noch dazu.
Du bist du, das ist der Clou, ja der Clou, ja du bist du.«[1]

Jürgen Werth

EINE GESCHICHTE ZUM EINSTIEG
Willkommen in Holland

Wir haben beim Schreiben dieses Buches eine berührende Geschichte gefunden. Sie regt an, das Leben von Eltern eines behinderten Kindes aus einem anderen Blickwinkel zu betrachten und eine neue Lebenseinstellung zu entwickeln. Emily Pearl Kingsley, deren Sohn Jason 1974 mit Down-Syndrom auf die Welt kam, schrieb 1987 den folgenden Text, in dem sie die Erfahrungen mit ihrem Sohn mit einer Reise in die Niederlande verglich:[2]

Willkommen in Holland

Ich werde oft gebeten, meine Erfahrungen zu beschreiben, wie es ist, ein behindertes Kind aufzuziehen. Um Menschen das Gefühl dieser einzigartigen Beziehung zu geben, benutze ich gerne eine Parabel:

Wenn man ein Baby bekommt, ist es so, als ob man sich auf eine fantastische Reise begibt – nach Italien. Man kauft viele Touristenführer und macht große Pläne: Das Kolosseum, Michelangelo, David, die Gondeln in Venedig. Vielleicht lernen Sie ein paar nützliche Redewendungen auf Italienisch. Es ist alles sehr aufregend.

Nach Monaten der Vorbereitung ist endlich der große Tag da! Sie packen Ihren Koffer! Einige Stunden später landet das Flugzeug und die Stewardess sagt: »Willkommen in Holland.«

»Holland?«, fragen Sie. »Was meinen Sie? Ich habe doch Italien gebucht! Mein ganzes Leben habe ich davon geträumt, nach Italien zu fliegen.«

Aber es hat eine Flugplan-Änderung gegeben. Der Flieger ist in Holland gelandet und Sie müssen da bleiben. Das Wichtigste ist, dass Sie nicht in einem dreckigen, seuchenverpesteten Land gelandet sind. Es ist nur anders!

Also, jetzt müssen Sie losziehen und sich einen neuen Touristenführer kaufen. Sie müssen eine völlig neue Sprache lernen. Sie treffen ganz andere Menschen, denen Sie sonst nie begegnet wären. Es ist nur ein anderer Ort. Hier geht alles langsamer zu als in Italien. Aber wenn Sie eine Weile hier sind, sehen Sie sich um und stellen fest, dass es in Holland Windmühlen und Tulpen gibt. In Holland gibt es sogar Rembrandts.

Doch all Ihre Bekannten waren in Italien oder wollen dort hin und sie alle prahlen damit, was für eine tolle Zeit sie da hatten. Und bis ans Ende Ihres Lebens werden Sie sagen: »Ja, dahin hatte ich auch gehen wollen. So hatte ich es geplant.«

Und dieser Schmerz wird niemals, wirklich niemals vorübergehen, denn der Verlust dieses Traumes ist ein sehr, sehr schwerwiegender Verlust.

Aber wenn Sie Ihr Leben damit verbringen, der Tatsache nachzutrauern, dass Sie nicht nach Italien gekommen sind, werden Sie niemals frei sein, die ganz speziellen, wunderschönen Dinge zu genießen, die es in Holland gibt.

VORBEMERKUNG

»Kinder sind eine Gabe Gottes.«

Psalm 127,3

Diese Aussage, die sich im Alten Testament der Bibel findet, hat uns zu jeder Zeit viel Kraft und Bestätigung gegeben. Dieses Zitat umfasst alle werdenden und gewordenen Menschen, ohne Beschränkung auf ihre Fähigkeiten oder Einschränkungen. Eine Einteilung eines Menschen nach seinen Begabungen und Anlagen ist eine oberflächliche und sehr kurzsichtige Betrachtungsweise. Wir tun gut daran, sie immer wieder zu hinterfragen und unsere Sicht auf kleine oder große Menschen mit Beeinträchtigungen zu korrigieren, sowie den wahren Wert des Menschen so zu betrachten, wie der kleine Prinz von Antoine de Saint-Exupéry: »Man sieht nur mit dem Herzen gut.«

Beim Lesen unseres Buches werden Sie merken, dass wir im christlichen Glauben verwurzelt sind. An manchen Stellen wird diese Haltung durchschimmern. Nicht alle Menschen können das nachvollziehen, wir aber erfahren Geborgenheit in Gott, die uns trägt – trotz aller Fragen und Mühen des Alltags.

1.
»SO EIN BUCH HÄTTEN WIR UNS GEWÜNSCHT«
Warum uns dieses Buch so am Herzen liegt

»Es ist normal, verschieden zu sein«.
Carl Friedrich von Weizsäcker

In diesem Kapitel erfahren Sie:

- warum wir dieses Buch geschrieben haben
- was unser Buch von anderen unterscheidet
- warum es wichtig ist, den Blick auf die Stärken von Eltern und Angehörigen besonderer Kinder zu richten
- worum es in den folgenden Kapiteln geht

Eltern berichten

»›Eure ganz normalen Sorgen möchte ich haben!‹ Ich gebe zu, dass mir dieser Gedanke schon mal gekommen ist. Wenn zum Beispiel auf dem Elternabend mit großer Ernsthaftigkeit diskutiert wurde, ob es in der Kita zum Frühstück Milch mit 1,5 oder mit 3,5 Prozent Fettgehalt geben soll. Heute sehe ich das entspannter: Jeder hat oder macht sich eben seine eigenen Probleme – und bin dankbar, zumindest für uns zu wissen, was wirklich wichtig ist und was nicht.«[3]

Liebe Leserin, lieber Leser,

mit diesem Buch halten Sie einen kleinen Mutmacher und Unterstützer in schwierigen Situationen in den Händen. Denn mit einem behinderten oder chronisch kranken Angehörigen zu leben, stellt Eltern, Familien und Betreuer immer wieder vor vielfältige Herausforderungen. Dieses Buch wurde geschrieben, um betroffenen Menschen Mut zu machen, sie zu stärken und dabei zu unterstützen, die Anforderungen des Alltags anzunehmen. Wir möchten Sie dabei begleiten, Wege aus Hilflosigkeit und Ohnmacht zu finden. Dazu gibt unser Ratgeber Anregungen und Hilfe, doch schnelle Rezepte finden Sie in diesem Buch nicht.

Als Eltern einer behinderten Tochter und zweier lebhafter Söhne hat uns ein solcher Ratgeber seinerzeit gefehlt. Mentale Stärkung, Motivation und Anregungen zu erhalten und zu teilen, dies hätte uns sicher geholfen und so manchen Umweg und Energieverlust erspart. Familien von Kindern mit besonderen Bedürfnissen besitzen selbst besondere Bedürfnisse, die es wahrzunehmen gilt. Denn wenn es den Eltern oder Betreuern gut geht, dann strahlt dies auch auf deren Umfeld aus.

Warum wir dieses Buch geschrieben haben

Wir selbst sind Eltern einer Tochter mit Behinderung. Im Laufe der Jahre stellten wir fest, dass zahlreiche wissenschaftliche Bücher zu Förderung und Therapie bei Behinderungen fast ausschließlich für Experten existieren. Dabei werden oft belastende Situationen beschrieben und analysiert. Dies ist jedoch für Laien selten hilfreich.

Die bereits vorhandenen Kompetenzen von Eltern und Familienmitgliedern jedoch, die im Umgang mit dem behinderten Kind oder Angehörigen längst vorhanden sind, wurden viel zu selten beschrieben oder in die Therapie mit einbezogen. Man betrachtete Eltern oder Angehörige lange Zeit als ahnungslose Unterstützungs- und Hilfempfänger, die von Fachleuten mit Beratung, Therapie und Handlungswissen versorgt werden müssten. Als ob die professionellen Experten allein das Fachwissen besäßen, das sie Eltern und Betroffenen vermitteln und in Therapien anwenden. Eltern hingegen wurde oft das Gefühl vermittelt, inkompetent und ahnungslos zu sein.

Inzwischen haben auch Therapeuten, Ärzte und Pädagogen erkannt, dass Eltern und andere Angehörige einen mindestens ebenso wichtigen Anteil am Erziehungs- und Entwicklungsprozess der Menschen mit Behinderung haben wie sie selbst. Dadurch hat ein deutlicher Perspektivwechsel stattgefunden, der auf die Überheblichkeit der traditionellen Beziehung *Fachmann – Patient* verzichtet. Vor etwa 20 Jahren wurden in Forschung und Wissenschaft noch vorwiegend die Belastungen im Zusammenleben mit behinderten Menschen betont. Heute versucht man langsam, die Stärken und vorhandenen Fähigkeiten der Beteiligten und ihrer Angehörigen in den Mittelpunkt zu rücken und für die Bewältigung des Alltags zu nutzen.

Was unser Buch von anderen unterscheidet

Das vorliegende Buch greift wissenschaftliche Erkenntnisse über Stärken und Fähigkeiten von Eltern und Angehörigen im Umgang mit behinderten Menschen auf und »übersetzt« sie in konkrete Anregungen für den Alltag. Wir bedienen uns dabei verschiedener Elemente des sogenannten *Empowerments*. Damit ist die Fähigkeit gemeint, vorhandene Stärken zu nutzen, um Kraftquellen für schwierige Situationen und Krisen aufzuzeigen und anzubieten. Im Bundesteilhabegesetz und in der UN-Behindertenrechtskonvention wird dieses *Empowerment* sogar ausdrücklich gefordert.

Zweck dieses Buch ist es also, Sie als Betroffene zu »Experten in eigener Sache« werden zu lassen, damit Sie Stärken entwickeln oder weiterentwickeln, um schwierige Lebensumstände in Angriff zu nehmen. Dazu dienen die Anregungen in Form von konkreten Tipps und Hinweisen. Natürlich können auch wir keine Patentrezepte anbieten. Aber wir möchten Sie mitnehmen auf eine Entdeckungsreise zu Ihren eigenen Fähigkeiten und Stärken.

Wir sind überzeugt und haben erfahren, dass Belastungen im Leben mit besonderen Menschen nur die eine Seite der Medaille darstellen. Die andere Seite hingegen zeigt sich darin, dass Angehörige im Umgang mit einem behinderten Menschen oft in der Lage sind, ungeahnte Stärken zu entfalten und Fähigkeiten zu entwickeln, die sie sich selbst nie zugetraut hätten.

Aus den oben genannten Gründen entwickelte sich der Gedanke, einen Ratgeber für Eltern, Angehörige und Betreuer behinderter Menschen zu verfassen. Er soll helfen, Stärken und Kompetenzen in schwierigen Lebenssituationen freizusetzen. Auf diese Weise werden Sie befähigt, die Entwicklung unserer besonderen Angehörigen fruchtbarer – und vielleicht auch gelassener – zu begleiten.

Immer wieder werden Sie kurze Erfahrungsberichte von Eltern behinderter Kinder finden, mit denen wir Gespräche geführt haben. Sie berichten, wie sie mit den Herausforderungen von Behinderung in unserer Gesellschaft und im familiären Umfeld umgegangen sind, welche Aspekte sie als belastend erfahren haben und vor allem, was sie gestärkt hat.

Wie heißt es eigentlich richtig?

Darf man das eigentlich noch sagen: »behindert«? Oder sollten wir besser von »beeinträchtigt«, »mit Handicap«, »mit besonderen Bedürfnissen«, »anders begabt«, »kognitiv beeinträchtigt«, »anders«, »besonders«, »förderbedürftig« oder »speziell« schreiben? Was darf man also sagen und was ist beleidigend? Dafür gibt es kein Rezept, denn was der eine in Ordnung findet, empfindet ein anderer bereits als abwertend. Übrigens: Ein »Mensch mit Handicap« kann ein Golfspieler oder behindert sein, aber natürlich auch beides, also trotz Einschränkungen mit anderen Fähigkeiten ausgestattet sein.

1. KAPITEL

Selbst unter behinderten Menschen sind die Bezeichnungen umstritten. In unserem Buch werden wir die Begriffe deshalb abwechselnd benutzen. Aber: Etwas hindert, behindert unsere Tochter, so zu sein und zu leben wie viele andere. Sie ist ein Mensch mit Behinderung, aber keine Behinderte. Denn es gibt keine Menschen, Tiere, Blumen und Behinderte, sondern nur Menschen mit Behinderung und solche ohne.

Was erwartet Sie auf den nächsten Seiten?

Das zweite Kapitel »Unser Leben mit einer besonderen Tochter« ist das persönlichste. Wir beschreiben hier Situationen aus dem Leben mit unserer besonderen Tochter, in welchen Bereichen wir kämpfen mussten, um unserem Kind ein halbwegs selbständiges und diskriminierungsfreies Leben zu ermöglichen. Wir berichten von unseren Gefühlen, Auseinandersetzungen, Ängsten und Hoffnungen.

Das dritte Kapitel »Perspektivwechsel: Auf Fähigkeiten statt Mängel sehen« behandelt in verständlicher und kurzer Form die wissenschaftlichen Grundlagen des Buches. Wir haben uns von *Empowerment* und der Resilienzforschung anregen lassen, wie Eltern und Angehörige von Menschen mit Behinderung in schwierigen Situationen Stärke und Lebensoptimismus für den Alltag finden können.

Die weiteren Kapitel behandeln die wichtigsten Bereiche des Zusammenlebens mit beeinträchtigten Menschen wie Diagnose, Bewältigung des Alltags, persönliche Einstellung, Familie, Partnerschaft, Geschwister, Förderung, Selbsthilfegruppen, Bildung und Erwachsenwerden.

Die Kapitel sind jeweils gleich aufgebaut: Nach Erfahrungsberichten von Eltern (die wir in Gesprächen mit betroffenen Müttern und Vätern gesammelt haben) folgt eine kurze Einführung ins Thema. Anschließend geben wir konkrete Praxis-Anregungen. Diese Empfehlungen wollen keine allgemeingültigen Ratschläge sein, sondern stellen eine Auswahl an Möglichkeiten dar und sollen selbstverständlich der je eigenen Situation angepasst werden. Sie sind Experte genug und wissen am besten, was zu Ihrer Lage passt, was Ihnen helfen könnte und was sich lohnt, ausprobiert zu werden. Jeder Mensch ist einzigartig.

Am Ende des Buches finden Sie weiterführende Informationen, Adressen und Literaturhinweise.

Wen möchten wir ansprechen?

Dieses Buch will alle stärken, ermutigen und denen Anregungen geben, die mit einem behinderten oder chronisch kranken Menschen leben oder zu tun haben: Eltern, Großeltern, Verwandte und Freunde, aber auch Psychologen, Therapeuten, Ärzte, Pädagogen, Erzieher, Sozialarbeiter und alle in der Inklusion und Behindertenbetreuung tätigen Personen.

Wir haben darauf geachtet, dass Sie das Buch nicht zwingend von vorne nach hinten lesen müssen. Sie können in das Kapitel einsteigen, das Ihnen besonders interessant erscheint. Von daher erklärt sich auch, dass wir wichtige Anliegen und Aussagen mehrfach aufgreifen und wiederholen, um das jeweilige Kapitel unabhängig von anderen lesbar und verständlich zu machen.

2.

»DAS HABEN WIR SELBST ERLEBT«
Unser Leben mit einer besonderen Tochter

»Chancengleichheit besteht nicht darin, dass jeder einen Apfel pflücken darf, sondern dass der Zwerg eine Leiter bekommt.«
Reinhard Turre

In diesem Kapitel erfahren Sie:

- wie es uns als Eltern mit unserer behinderten Tochter ergangen ist
- wie wir verschiedene Situationen gemeistert haben
- wie wir Sorgen und Ängste überstanden und das Zusammensein mit unserer Tochter lieben und schätzen gelernt haben

Wenn eine Mutter ein behindertes Kind zur Welt bringt, dann geraten herkömmliche Lebensentwürfe oft völlig aus den Fugen. Im Allgemeinen erfahren die Eltern innerhalb kürzester Zeit, ob ihr Kind eine Behinderung hat und worin diese besteht. Es gibt jedoch auch Fälle, in denen die Eltern erst nach Monaten oder Jahren voller Bangen erfahren, dass ihr Kind sich niemals »normal« entwickeln wird. Diesen nicht alltäglichen Fall haben wir selbst erlebt und wollen nun nach fast 30 Jahren darüber schreiben. Erst jetzt haben wir die Worte dafür gefunden.

Wir möchten Eltern, die sich in einer ähnlichen Lage befinden, Unterstützung und Mut zusprechen, denn genau das fehlte uns lange Zeit. Der Mangel an Unterstützung und Mut erschwerte unseren Weg und brachte so manchen Irrweg mit sich. Dies hat uns Kräfte geraubt, die wir für unser besonderes Kind gebraucht hätten. Wen wundert es dann, dass zahlreiche Ehen von Paaren mit besonderen Kindern scheitern? Dieses Buch soll aber auch ein Plädoyer dafür sein, jedes besondere Kind mit Augen der Liebe, Dankbarkeit und Wertschätzung zu betrachten – denn es eröffnet eine erweiterte und offenere Sichtweise auf viele Bereiche des Lebens.

Problem Diagnose

Die Behinderung unseres Kindes stellte sich erst spät heraus. Obwohl wir unseren damaligen Kinderarzt auf Entwicklungsverzögerungen hinwiesen, beruhigte er uns immer wieder: »Das wächst sich aus. Die europäischen Eltern sind alle überbesorgt.« Dies wollten wir nur allzu gerne glauben. Und so verschlossen wir unsere Ohren vor Freunden und vor unseren Familien, die uns auf die starken Entwicklungsverzögerungen hinwiesen. Den Satz: »Mit eurer Tochter stimmt etwas nicht«, verdrängten wir lange Zeit, bis wir die Augen schließlich nach zwei Jahren vor dem ständig wachsenden Entwicklungsrückstand zu anderen Kindern nicht mehr verschließen konnten. Wir nahmen die Sache selbst in die Hand, indem wir ein überregionales Diagnosezentrum für Kinder aufsuchten. Nach ausführlichen Tests und Untersuchungen stand fest: Vielfache Wahrnehmungsstörungen, eingeschränkte fein- und grobmotorische Koordination, geistige Behinderung, verbunden mit starken Sprachstörungen und Stottern.

Es mag seltsam klingen, aber diese Diagnose war wie eine Befreiung für uns: Die ständige Ungewissheit wirkte irritierend und zermürbend. Jetzt hingegen hatten wir eine handfeste Diagnose und konnten konkrete Maßnahmen zur Förderung unserer Tochter ergreifen. Dies eröffnete dann auch positive und weiterführende Perspektiven für die ganze

2. KAPITEL

Familie. Wir konnten nun etwas unternehmen, um unsere Tochter auf ihrem weiteren Entwicklungsweg, auch mit professioneller Hilfe, zu unterstützen.

Kindergarten

Da wir damals noch glaubten, dass »Experten« alles besser wüssten, folgten wir dem dringenden Anraten einer Logopädin, unsere Tochter in einen Kindergarten für sprachbehinderte Kinder zu schicken. Weil das sprachliche Vorbild in einer solchen Einrichtung ausschließlich von den Erzieherinnen ausgeht, widerspricht dieses Konzept völlig dem, was heute als Inklusion angepriesen wird. Dass die sprachliche Entwicklung unserer Tochter auf diesem Hintergrund nur sehr langsam voranging, versteht sich von selbst. Als wir diesen Umstand einmal ansprachen, erwiderte eine leitende Logopädin: »Ihre Tochter wird ohnehin niemals in der Lage sein, eine normale Schule zu besuchen.« Ermutigung sieht anders aus – daher ist uns dieses Ereignis nach über 25 Jahren noch sehr lebhaft in Erinnerung.

Unsere Konsequenz dazu lautet heute: Hören Sie auf Ihre Intuition, die sich ja aus der Liebe zu Ihrem Kind und den Erfahrungen mit ihm speist.

In unserem Fall hieß das, zunächst eine integrative Förderung einzufordern. Im Übrigen gilt es zu bedenken, dass eine Entwicklungsprognose im Kindergartenalter immer nur angedeutet, aber keinesfalls zweifelsfrei vorausgesagt werden kann. Wenn die medizinische oder pädagogische Diagnose jedoch unzweifelhaft erscheint, dann sollten die »Experten« in jedem Fall Umsicht und Empathie walten lassen, damit die Botschaft bei den Eltern ankommt und nicht verdrängt oder gar abgelehnt wird.

Als wir nach längerer Zeit ein befreundetes Paar aus der Studentenzeit besuchten, das selbst zwei Kinder hatte, waren wir angespannt und fast ängstlich, wie es auf die geringen Entwicklungsfortschritte unserer Tochter reagieren würde: Sie lief mit fast 1,5 Jahren sehr unsicher und sprach nur Zwei-Wort-Sätze. Dass sie jedoch überhaupt lief und sprach, war das Resultat harter Arbeit mit Logo- und Ergotherapie, mit viel Geduld und langsamen Fortschritten. Dies wollten wir jedoch nicht ständig vor jedermann ausbreiten und waren damals froh, dass wir nicht auf die Behinderung unserer Tochter angesprochen wurden.

Wir haben vieles seinerzeit mit uns selbst ausgemacht und in uns »hineingefressen«. Oftmals fühlten wir uns schuldig für die Entwicklungsrückstände, ja für die Behinderung unserer Tochter. Die vielen Therapietermine neben der Berufstätigkeit beider Elternteile hatten auch zur Folge, dass wir nur noch sehr eingeschränkt am sozialen und kulturellen Leben teilnahmen.

Schmerzhaft war auch die Erfahrung, dass die Interessen und Aktivitäten anderer Eltern mit Kindern ohne Behinderung sich von unseren sehr unterschieden: Sie brachten ihre Kinder zum Ballett, zum Sport oder zum Klavierunterricht, wir gingen weiterhin zu verschiedenen Therapien. Familienentlastende Dienste waren vor 30 Jahren noch die Ausnahme. So waren wir zu zweit allein zuständig, da sich die Großeltern von der Behinderung ihrer Enkelin überfordert fühlten. Folglich entwickelten wir selbst nach und nach Mechanismen der Freude und Ermutigung: Ausflüge in die Natur und Schwimmbadbesuche, denn Wasser und Autofahren liebte unsere Tochter von Anfang an.

Die Suche nach der »richtigen« Schule

Bis wir dann die richtige Schule finden sollten, floss noch viel Wasser die Spree hinunter. Unsere besondere Tochter irrte mit uns im Berliner Schuldschungel umher – und eine ihr angemessene Förderung erhielt sie während ihrer gesamten Grundschulzeit nicht.

Dies hatte verschiedene Gründe: den Mangel an Sonderpädagogen und die teilweise Abschaffung von Förderschulen. Hier stellt man politische Ideologien über den gesunden Menschenverstand, denn das Wohl und eine gelungene Integration der beeinträchtigten Kinder stand und steht nur selten im Mittelpunkt des Bemühens.

2. KAPITEL

Das Auffinden einer geeigneten Förderschule glich einer Lotterie, da in Berlin in diesem Bereich wenig differenziert wird. Es wird nur grob unterteilt in körperbehinderte und geistig behinderte Schüler. Bei unserer Suche stießen wir beispielsweise auf eine staatliche Schule, die als Hauptlernziel das Tischdecken angab. Zudem gab es dort keine Wände zwischen den Schüler-WCs. Beim dritten Versuch, eine angemessene Förderschule zu finden, hatten wir nach einem knappen Schuljahr endlich Erfolg.

Worin zeichnete sich hier nun endlich die erfolgreiche Beschulung aus? In dieser Schule wurde in kleinen Gruppen unterrichtet, die relativ homogen besetzt waren, sodass eine optimal differenzierende Förderung möglich war. Auf diese Weise wurden die vorhandenen Fähigkeiten der Schüler gut gefördert. Das führte zu verstärkten Erfolgserlebnissen seitens der Schüler, denn nun standen endlich nicht mehr ihre Schwächen, sondern ihre vorhandenen Kapazitäten im Vordergrund. Diese Perspektive hatte heilsame Wirkung für Schüler und Eltern. Kurz gesagt: Unsere Tochter wurde da abgeholt, wo sie war.

Positiv für die Schule eingenommen wurden wir auch durch Projektarbeit, engagierte Miteltern und fachkundig ausgebildete Sonderpädagogen. Aber waren nun alle Probleme ausgeräumt? Nein, denn da die Schule 25 Kilometer von unserem Wohnort entfernt lag und wir Eltern beide voll berufstätig waren, mussten wir einen Fahrdienst organisieren.

Das hieß, trotz der Belastungen, die der Alltag mit drei kleinen Kindern und Berufstätigkeit mit sich brachte, durften wir bei verschiedenen Behörden um die Genehmigung eines Fahrdienstes kämpfen, was viel Nerven und Energie kostete. Statt Unterstützung erhielten wir nur Steine auf dem Weg mit unserem besonderen Kind. Der Lohn unserer Mühen war, dass unsere Tochter gerne zur Schule ging und große Fortschritte in ihrer Entwicklung zu verzeichnen waren.

Erste Schritte ins Berufsleben

Nach elf Schuljahren brannte unsere Tochter darauf, sich nun endlich praktischen Tätigkeiten zu widmen. Eine durchweg positive und konstruktive Lebensphase durchlief sie auch während der Berufsbildungszeit im Annedore-Leber-Werk. Dort wurde sie fach- und behindertengerecht angeleitet und sie konnte ihre spezifischen Begabungen ausformen und anwenden. Sie arbeitete als Servicekraft in einem kleinen Hotel, das heißt als Zimmermädchen oder in der Küche, mit kompetenten und einfühlsam anleitenden Ausbilderinnen. Sie konnte gemäß ihrer Stärken und Vorlieben arbeiten und auf diese Weise viele Erfolgserlebnisse sammeln. Wir besuchten sie dort gerne und feierten als Gäste so manches Fest an diesem Ort.

Leider mussten wir später auch die Erfahrung machen, dass versucht wird, mit beeinträchtigten Menschen Geschäfte zu machen, indem Fördergelder gezielt abgegriffen und umgeleitet werden. Unsere Tochter arbeitete beispielsweise in einem Altenheim als Hilfsbetreuerin für Senioren. Die für diese Arbeit bewilligten Fördergelder wurden gerne in Anspruch genommen, aber nach dem Erhalt der Gelder folgte die Kündigung unserer Tochter. Das gleiche Muster erlebten wir in einem sogenannten Integrationshotel, wo die behindertenspezifische Betreuung nach zwei Jahren Schichtarbeit in der Küche eingestellt wurde. Auch hier wurde der beeinträchtigte Mensch nach Versiegen der Fördermittel sich selbst überlassen und der Integrationswille der Arbeitgeber kam völlig zum Erliegen.

Übergang in die Selbstständigkeit

Nach dem Versuch, alleine zu leben (in einer Ein-Zimmer-Wohnung in unmittelbarer Nähe des Elternhauses), stellten wir gemeinsam mit unserer Tochter fest, dass diese Art des Wohnens und Lebens für sie nicht in Frage kommt. Aber was nun?

2. KAPITEL

Die Art und Weise, wie wir eine geeignete Wohn- und Lebensform für unsere Tochter finden sollten, grenzt an ein Wunder: Bei dem Besuch von Papst Benedikt im Berliner Olympiastadion trafen wir inmitten einer riesigen Menschenmenge eine Freundin, die wir seit Langem aus den Augen verloren hatten. Sie wusste von einer christlichen WG zu berichten, die just über einen freien Platz verfügte. Umgehend setzten wir uns mit den Verantwortlichen in Verbindung und tatsächlich passte unsere Tochter gut in diese Frauengruppe. Sie wurde mit offenen Armen von allen empfangen, lebt mittlerweile seit sieben Jahren dort und ist glücklich und zufrieden mit ihrer Wohn- und Lebenssituation. Die Kombination von Freiheit und Anleitung gibt unserer Tochter Selbstbewusstsein und Sicherheit.

Im Allgemeinen gehen alle Bewohnerinnen einer Beschäftigung im Rahmen einer beschützten Tätigkeit nach, entweder in der Küchenarbeit, im Servicebereich oder in einer betreuten Werkstatt.

In der WG wohnen sechs Frauen mit Beeinträchtigung. Sie sind im Alter von 26 bis 60 Jahren und werden tagsüber von kompetenten Sozialpädagoginnen betreut. Wochentags gehen die Frauen relativ selbstbestimmt ihren Pflichten und Aufgaben nach. Am Wochenende stehen oft gemeinsame Unternehmungen wie Kochen und Ausflüge auf dem Programm. Alle zwei Wochen kommt unsere Tochter im Allgemeinen zu Besuch, was für alle einen Gewinn und angenehme Stunden bedeutet!

3.
»ALLES EINE SACHE DER PERSPEKTIVE«
Auf Fähigkeiten statt auf Mängel sehen

> »Deshalb haben meinen höchsten Respekt nicht die Wunderkinder, sondern die Wunderfamilien, die das Beste aus dem machen, was eben auch das Leben an Unerfreulichem und Schrecklichem mit sich bringt.«
> *Eckart von Hirschhausen*[4]

In diesem Kapitel erfahren Sie:

- warum es wichtig ist, eigene Stärken zu entdecken, statt auf Defizite zu schauen
- wie Resilienzforschung und *Empowerment* uns weiterhelfen können
- was hilft, Krisen zu bewältigen
- wie Sie Ihrer Stärken bewusst werden

Keine Angst, wir wollen Sie hier nicht mit Theorien und Hypothesen überschütten oder langweilen. Aber es gibt wissenschaftliche Erkenntnisse, die helfen, schwierige Lebenssituationen zu meistern, und die auch noch für den Elternalltag nützlich sind. Wissenschaftler gehen hierbei der Frage nach: Warum überstehen manche Menschen Krisensituationen besser als andere? Die Antworten darauf sind für Eltern mit einem besonderen Kind von großem Interesse.

Worum es geht: Ein notwendiger Perspektivwechsel

Eltern oder Angehörige von Menschen mit Beeinträchtigungen sehen ihre Situation oft unter dem Aspekt von Problemen, Mängeln oder Schwächen. Menschen mit Behinderung sind kein Statussymbol. Solche Empfindungen gilt es wahrzunehmen, denn sie sind real. Diese negative Sicht macht Menschen jedoch klein und abhängig vom Urteil und von der Hilfe anderer, den sogenannten Fachleuten.

Gut zu wissen: Erkennen Sie Ihre Stärken

Wie jedes Individuum, so haben auch Eltern oder Angehörige von beeinträchtigten Menschen eine Vielzahl von Fähigkeiten, Fertigkeiten, Talenten und Kapazitäten. Menschen wachsen nicht durch die Betonung ihrer Defizite und Mängel – ganz im Gegenteil: sie verlieren dadurch ihr Selbstbewusstsein und ihre Selbstsicherheit.

Seit einigen Jahren gibt es das Konzept des *Empowerments*, was mit »Selbstermächtigung« oder »Selbststärkung« übersetzt werden kann. Ihm liegt die Idee zugrunde, dass alle Menschen eine Vielzahl von Talenten und Stärken besitzen, die es gilt, bewusst zu machen und zu aktivieren, damit sie zur Verbesserung der Lebenssituation genutzt werden können. Es geht darum, Eltern im Umgang mit Herausforderungen sowie ihr Auftreten und Selbstbewusstsein zu stärken. Wenn Menschen ihr Leben und die alltäglichen Herausforderungen selbst in die Hand nehmen und sich ihrer eigenen Fähigkeiten und Stärken bewusst werden, entwickeln sie oft die Kräfte, die zur Meisterung von schwierigen Situationen nötig sind (siehe Kapitel 6).

Ähnliches will die Resilienzforschung. Diese Wissenschaft fragt danach, was Menschen in existenziellen Krisensituationen Halt und Stärke gibt.

3. KAPITEL

Jeder von uns hat es schon erlebt: Während die einen von schwierigen Situationen aus der Bahn geworfen werden, verarbeiten andere dieselbe Notlage relativ problemlos. Manche Menschen scheinen in besonderen Ausnahmesituationen zu wachsen und an Stärke zu gewinnen und können Gefühle wie Angst, Trauer, Selbstzweifel gut bewältigen. Andere hingegen werden krank oder zerbrechen daran. Woran liegt das?

Entwicklungspotenzial: Was ist das Geheimnis der Widerstandskraft, in Krisen über sich hinauszuwachsen?

Wenn Menschen in Krisen geraten oder schwierigen Situationen ausgesetzt sind, dann stellt sich die Frage nach Bewältigungsmöglichkeiten. Welche Faktoren sind es, die uns helfen und Halt geben, Schicksalsschläge oder schwierige Lebensphasen zu überstehen? Wissenschaftler haben herausgefunden, dass Menschen durch funktionierende soziale Beziehungen, besondere Charaktereigenschaften und bestimmte Lebensweisen über sich hinauswachsen. Diese Forschungsergebnisse beinhalten wichtige Hinweise, die Eltern von Menschen mit Beeinträchtigungen helfen können, mit Krisen und Herausforderungen konstruktiv umzugehen.

Die Bedeutung von sozialen Beziehungen

Studien zeigen, dass generell etwa ein Drittel aller befragten Personen eine besondere Widerstandsfähigkeit besitzt, zwei Drittel jedoch nicht. Die amerikanische Psychologin Emmy Werner untersuchte hawaiianische Kinder von ihrer Geburt an über 40 Jahre lang. Von denen, die dabei unter schwierigen Bedingungen aufwuchsen, entwickelte sich ein Drittel dennoch gut. Diese Kinder verfügten über soziale und individuelle Stärken, die ihre Widerstandsfähigkeit förderten und halfen, ihr Leben gut zu meistern.

Worin lagen die Gründe für die Entwicklung von seelischer Widerstandsfähigkeit? Das Geheimnis der hawaiianischen Kinder bestand darin, dass sie zumindest eine Vertrauensperson (ein Elternteil, Großmutter, Lehrer, Freund) hatten, die sie stärkte, unterstützte und an sie glaubte. Weitere Studien haben bestätigt, dass soziale Beziehungen befähigen, mit Krisen und Schwierigkeiten erfolgreicher umzugehen.

Bei Erwachsenen erweist sich menschliche Zuwendung als wichtigste Kraftquelle ihrer seelischen Widerstandskraft. Die entscheidende Unterstützung können Familie und Freunde, aber auch die Gruppe einer Kirchengemeinde, einer Bürgerinitiative oder politischen Partei sowie ein Ehrenamt oder die Mitgliedschaft in einem Verein oder Chor geben – kurz: jede Art von sozialer Vernetzung. Gute Beziehungen zu Familienmitgliedern, Freunden oder anderen Menschen stärken also das Selbstwertgefühl und sind hilfreiche Unterstützer in schwierigen Zeiten.

Die Bedeutung von Persönlichkeitsmerkmalen

Wer sich aktiv mit Problemen auseinandersetzt, Offenheit und eine positive Weltsicht besitzt, kann mit Krisensituationen leichter umgehen. Dabei ist es hilfreich, das Leben mit Abstand und Humor zu betrachten. Manche Menschen sind aber genetisch begünstigt, bei ihnen funktioniert der Umgang mit Stress von Natur aus besser und erfolgreicher.

Extreme Stresserfahrungen können aber auch Stärken in einem Menschen hervorrufen, die er selbst bis dahin niemals für möglich gehalten hätte. Wem hingegen die oben genannten Persönlichkeitsmerkmale fehlen, der tut sich schwer in Krisensituationen.

Die Bedeutung der Lebensweise

Menschen können ihre seelische Widerstandskraft aber auch aus einer starken Naturverbundenheit, aus der Liebe zu Musik, Kunst oder Wissenschaft oder aus ihrem Glauben ziehen. Auch das Schreiben von Tagebüchern oder Gedichten sowie Interessen und Hobbys, die Freude und Selbstbestätigung fördern, entwickeln sich zu Schutzfaktoren.

3. KAPITEL

Kurz & knapp

Die Ergebnisse der Resilienzforschung machen Mut

Resilienz ist die Fähigkeit, Schwierigkeiten und Schicksalsschläge auszuhalten. Diese Fähigkeit, den Lebensstürmen standzuhalten, kann erlernt werden. Internationale Psychologenvereinigungen geben folgende Hilfestellungen, um sich zu stärken:

Verhaltensweisen, die aufbauend wirken:

Bauen Sie soziale Kontakte auf: Stabile Beziehungen zu Familienmitgliedern, Freunden oder Bekannten stärken das Selbstwertgefühl und sind hilfreiche Unterstützer in Krisenzeiten (siehe Kapitel 8).

Betrachten Sie Krisen nicht als unüberwindbares Problem: Was sich an negativen Ereignissen ereignet hat, kann man nicht ungeschehen machen. Entscheidend ist aber, wie man darüber denkt und darauf reagiert (siehe Kapitel 5).

Entwickeln Sie realistische Ziele: Fragen Sie sich, ob das Ziel, das Sie anstreben wollen, auch erreichbar ist (siehe Kapitel 7).

Verlassen Sie die Opferrolle und werden Sie aktiv: Es ist nachvollziehbar, sich angesichts einer schweren Krise als Opfer zu fühlen und resignieren zu wollen. Doch diese Sichtweise schwächt zusätzlich (siehe Kapitel 5).

Vertrauen Sie Ihrer Kompetenz: Menschen entwickeln oftmals Stärke aus Schicksalsschlägen und wachsen daran (siehe Kapitel 6).

Sorgen Sie für sich selbst: Kümmern Sie sich um sich selbst, um neue Energie zu tanken (siehe Kapitel 6).

Von der Herausforderung zum persönlichen Gewinn: Sich der eigenen Stärken bewusst werden

Wir haben Sie nun mit den Ergebnissen der Forschung bekannt gemacht und sind davon überzeugt, dass sie auch Ihnen helfen können. In unserem Buch werden wir darauf immer wieder zurückkommen (siehe Seite 78). Natürlich lassen sich manche Verhaltensweisen nur mit der Bereitschaft zur Veränderung umsetzen. Aber es gibt durchaus etliche gute Anregungen im Umgang mit Schicksalsschlägen.

Kurz & knapp

Wozu dieses Buch?

Der Zweck dieses Buches ist es, sich eigener Stärken bewusst zu werden, um kritische Lebenssituationen besser zu bewältigen und selbstbestimmt zu meistern.

Wir sind davon überzeugt, dass in Ihnen Kräfte und Fähigkeiten vorhanden sind, die teilweise im Verborgenen schlummern oder auch blockiert sind und aktiviert werden wollen.

Wir möchten, dass Sie zu »Experten in eigener Sache« werden, dass Sie beim Lesen des Buches Ihre Fähigkeiten, Talente und Kompetenzen finden oder wiederentdecken, um schwierige Alltagsumstände zu beherrschen. Eltern von Kindern mit Beeinträchtigungen oder chronischen Krankheiten können stark sein und an den Herausforderungen wachsen – aber es gehört auch dazu, Trauer und Schwäche zuzulassen und zu empfinden.

3. KAPITEL

Ein Text für stille Momente

Die Geschichte von der Spezialmutter

Auch dieses Jahr werden tausende von Kindern mit Behinderung geboren werden. Nach welchen Gesichtspunkten werden ihre Mütter wohl ausgewählt?

Ich stelle mir Gott vor, wie er mit größter Sorgfalt Kinder gestaltet und seinen Engeln Anweisungen gibt. Jedem Kind teilt er eine Mutter zu und gibt ihm einen Schutzengel zur Seite. Schließlich nennt er einem Engel den Namen einer Frau und sagt: »Der gebe ich dieses besondere Kind.«

Da fragt der Engel: »Warum gerade ihr? Sie ist doch so glücklich.«

»Eben deshalb«, sagt Gott. »Ich muss ein besonderes Kind doch einer Mutter geben, die Lebensfreude ausstrahlt.«

»Aber wird sie die nötige Geduld aufbringen?«, fragt der Engel. »Ja«, antwortet Gott. »Wenn der anfängliche Schock erst abgeklungen ist, wird sie es schaffen, denn sie besitzt viel Liebe und Kraft. Sie weiß es nur noch nicht, aber ihr Kind wird es ihr zeigen.

Die Frau, die ich mit einem besonderen Kind beschenken werde, ahnt noch nicht, dass sie zu beneiden ist. Nie wird sie ein gesprochenes Wort als etwas Selbstverständliches hinnehmen. Nie einen Schritt als etwas Alltägliches. Wenn ihr Kind zum ersten Mal ›Mama‹ sagt, weiß sie, dass sie ein Wunder erlebt. Wenn sie ihrem blinden Kind einen Sonnenaufgang schildert, wird sie ihn wie kein anderer Mensch sehen.«[5]

4.

»ICH WUSSTE GAR NICHT, WIE STARK ICH SEIN KANN«
Wie finde ich meine Ressourcen und Stärken?

»Ein behinderter Mensch ist wie ein krummer Baum. Du kannst ihn nicht gerade biegen, aber du kannst ihm helfen, Früchte zu tragen!«
Unbekannter Autor

> **In diesem Kapitel erfahren Sie:**
> - welche neue Herausforderungen auf Sie warten
> - warum Eltern die wahren Experten für die Behinderung ihres Kindes sind
> - wie wir in den folgenden Kapiteln auf Ressourcen und Stärken eingehen

Eltern berichten

»Ich habe unendlich viel Kraft, von der ich vorher noch nichts wusste.

Durch unsere behinderten Kinder haben wir gelernt, anders zu träumen. Es ist nicht vorrangig, besser, höher, weiter zu kommen – den besten Schulabschluss oder den tollsten

Arbeitsplatz zu bekommen. Man kann auch mit weniger glücklich sein. Wir sind als Familie zusammen, wir helfen uns, wir stärken und stützen uns gegenseitig. Das macht uns glücklich. So soll es bleiben. Das ist mein Traum. Es gab viele Tage voller Leid und wir haben wirklich nur noch ein ganz kleines Lichtlein am Ende des Tunnels gesehen. Wenn man aber den Schmerz annimmt und kämpft, kommt irgendwann die Erleichterung und wir versuchen, unserer Umgebung etwas von dieser Leichtigkeit abzugeben.«[6]

Antje, 37 Jahre

Worum es geht: Ganz neue Herausforderungen

Und plötzlich ist alles anders, als es vorher war. Da liegt ein hilfsbedürftiges Kind, winzig und verkabelt, in seinem Bett und es ist wirklich Ihres. Da hilft kein Weglaufen. Es kämpft mutig um sein Leben, aber Ihnen kommen Gedanken, dass dieser Kelch doch bitte an Ihnen vorübergehen möge. Sie empfinden vielleicht, dass es angemessen wäre, Ihnen zur Geburt zu kondolieren statt Glückwünsche auszusprechen. Vielleicht haben Sie den Kontakt mit behinderten Menschen aus Scham und Unsicherheit bisher gemieden und nun können Sie sich nicht dagegen wehren. Sind Sie nun selbst behinderte Eltern, die bis zu ihrem Tod an dieses kleine Bündel Leben gekettet sind?

Es ist kein billiger Trost, sondern die tausendfach erlebte Wahrheit von Betroffenen: Ihr Kind wird Ihnen ans Herz wachsen und Sie werden eine enge Bindung entwickeln. Es wird sich entfalten, vielleicht sehr langsam und mühsam, mit vielen Umwegen. Aber Ihr Kind wird Ihnen auch vieles schenken: Vertrauen, Liebe und eine neue Sichtweise auf das Leben. Sie werden alles für das Kind sein. Es ist doch bezeichnend, dass die wenigsten Eltern ihr heranwachsendes besonderes Kind in ein Heim geben, wenn es sich nur irgendwie vermeiden lässt.

Natürlich heißt es nun, sich unerwarteten Herausforderungen zu stellen, die für Sie zunächst völlig neu sind. Es tauchen Probleme auf, die es bisher nicht gab und die zunächst unüberwindbar erscheinen. Erwartungen der eigenen Lebens- und Zukunftsplanung werden jetzt in Frage gestellt. Nun gilt es, neue Strategien für das Alltagsleben zu entwickeln.

Aus Gesprächen mit Betroffenen wissen wir: Trotz der tiefgreifenden Veränderungen im alltäglichen Leben gelingt es den meisten Familien, sich auf die neue Situation und Herausforderung gut einzustellen und sie zu meistern. Besondere Kinder beanspruchen natürlich Nerven. Aber wie auch die Eltern von »normalen« Kindern, werden Sie im Alltag mit Menschen mit Behinderung vielfältige Fähigkeiten und Stärken entwickeln, die Sie vorher so weder gekannt noch gelebt haben. Das glauben Sie nicht? Noch nicht – wir sprechen uns später!

Verbreiteter Irrtum: »Am besten machen wir uns, unsere Bedürfnisse und unser Kind unsichtbar«

Eltern von Kindern mit Beeinträchtigungen oder chronischen Krankheiten sind meist sehr bescheiden und duldsam. Sie wagen es oft nicht, ihre Bedürfnisse und Anliegen auszusprechen oder gar einzufordern. Das haben auch wir an uns selbst erlebt: wie schnell wir mit Auskünften oder Erleichterungen zufrieden waren. Wir hatten oft das Gefühl, Bittsteller zu sein, die schon für Kleinigkeiten dankbar sein sollten. Dabei hätten wir viel Unterstützung und Ermutigung gebraucht.

Weil wir ein Kind hatten, das nicht so wie die anderen war, haben auch wir uns immer besonders engagiert, und »Hier!« gerufen, wenn eine Aufgabe zu erledigen war. Sei es als Elternsprecher, bei Feiern im Kindergarten oder in der Schule. Wir hatten das Gefühl, etwas ausgleichen zu müssen und der Gesellschaft etwas schuldig zu sein.

Befreien Sie sich von solchen Gedanken! Sie haben ein Recht auf Unterstützung und Verständnis. Es wäre normal, Anerkennung für das, was Sie jeden Tag vollbringen, zu beanspruchen. Reden Sie mit Angehörigen, Freunden und Bekannten über Ihren Alltag mit dem besonderen Kind, über Hindernisse und Freuden. Nur so bekommen Außenstehende eine Vorstellung davon, was Sie leisten (siehe Seite 115).

Gut zu wissen: Fähigkeiten werden freigesetzt

Es ist doch eigentlich logisch. Sie verbringen viel Zeit mit Ihrem Kind, deshalb sind Sie als Familie die eigentlichen Experten für Ihr Familienmitglied mit Behinderung oder chronischer Erkrankung. Sie kennen die Besonderheiten und Eigenheiten des Kindes und wissen, was möglich ist. Sie entwickeln einen speziellen Blick und können sich auf seine Bedürfnisse einstellen. Im Umgang mit Ihrem besonderen Kind werden individuelle Fähigkeiten freigesetzt, in der Betreuung und in der Förderung.

Ein Beispiel: Auf den ersten Blick handelt es sich nur um kleine Begebenheiten. Für alle anderen ist es eine Nebensächlichkeit, für Sie ein Grund großer Freude: Auf Ihr tägliches, »vergebliches« Lächeln reagiert Ihr Kind nach zwei langen Jahren endlich auch mit einem Lächeln oder es greift erstmals nach dem immer wieder hingehaltenen Spielzeug und hält es sogar für Sekunden fest. In diesen Momenten erfahren wir Eltern einen Schwall von Freude und Kraft, was uns und unser Kind gleichermaßen stärkt. Man entwickelt eine Stärke und Zuversicht, die man sich vorher nie zugetraut hätte. So werden positive Erfahrungen mit dem besonderen Kind auch zum Gewinn für Sie selber.

Es ist immer wieder erstaunlich, wie einfallsreich Betroffene oft mit widrigen Lebensumständen und Schicksalsschlägen umgehen. Erst im Nachhinein werden sich Eltern dann darüber bewusst, zu welchen Leistungen sie fähig waren. Diese Anpassungsreaktionen entscheiden darüber, ob Familien von Belastungen und Krisen überfordert werden oder sich weiterentwickeln und die neue Lebenssituation gut bewältigen.

4. KAPITEL

> **Kurz & knapp**
>
> Mit diesem Buch werden Sie entdecken:
>
> - Was ist das Fundament, das Sie trägt?
> - Auf welche Fähigkeiten können Sie bauen?
> - Welche unbekannten Stärken schlummern in Ihnen?
> - Wo gibt es noch neue Möglichkeiten?
> - Was macht Sie widerstandsfähig?

Auf den folgenden Seiten beleuchten wir unterschiedliche Lebenssituationen von Eltern mit besonderen Kindern und untersuchen vor allem die Möglichkeiten, Kraftquellen zu entdecken. Oft werden Kompetenzen übersehen oder geringgeschätzt. Aber Eltern besitzen Stärken und Fähigkeiten auf ganz unterschiedlichen Ebenen.

Die Entdeckung und Wahrnehmung dieser Kompetenzen helfen im Alltag, machen Eltern selbstbewusster und sind von wesentlicher Bedeutung für ein gelingendes Zusammenleben, besonders in schwierigen Situationen. Neben den persönlichen Stärken gibt es auch soziale Ressourcen wie Großeltern, Verwandte, Freunde, entlastende Dienste oder Selbsthilfegruppen, die aktiviert werden können. Suchen Sie sich in Ihrem Umfeld stärkende Unterstützung!

Freilich: Für jede Familie gilt es individuell herauszufinden, welche Bewältigungsmöglichkeiten zu ihr passen, denn es gibt nicht *die eine* Strategie, mit einem besonderen Kind oder Familienmitglied gut zu leben.

Ein Text für stille Momente

Wir selbst haben erfahren, wie tragend und unterstützend unser Glaube an Gott in schwierigen Situationen war und ist.

Pater Florian, Prinz von Bayern, drückt es mit den Worten aus:

»Für mich ist Glaube nicht etwas für die Starken oder die Schwachen, sondern etwas für alle. Wir haben alle starke und schwache Seiten in uns. (...) Irgendwann gelangt jeder von uns an seine Grenzen und sieht, fühlt seine Schwäche. Das sind Situationen, in denen der Glaube und seine Macht am intensivsten und am deutlichsten spürbar wird. Zu wissen, dass es etwas Größeres gibt – und dass dieses Größere auch ganz konkret in uns selbst gelegt wurde –, das ist für mich der Antrieb, die Zuversicht, die ich aus dem Glauben schöpfe.«[7]

5.
»ES WAR DER TOTALE SCHOCK!«
Vom Umgang mit Diagnosen

»Was vor uns und was hinter uns liegt, ist unbedeutend,
verglichen mit dem, was in uns steckt.«
Ralph Emerson Walden

> **In diesem Kapitel erfahren Sie:**
>
> - warum Diagnosemitteilungen unser Leben prägen
> - wie Sie mit Schicksalsfragen umgehen können
> - was Sie über den Umgang mit Schuldfragen und Opferrollen wissen sollten
> - wie Sie Krisen verarbeiten können
> - wie Sie Ihre Handlungsfähigkeit wiedererlangen

Eltern berichten

I. Es war der totale Schock. Natürlich. (...) Aber natürlich hat man erstmal Angst und die nächsten paar Tage im Krankenhaus waren massiv. Es ist so, als würde man plötzlich in einen dunklen Tunnel kommen, man sieht kein Licht, man denkt: »So, jetzt ist mein Leben zu Ende. Ich bin nur noch für das Kind da. Weil man hat irgendwie dieses riesige Verantwortungsgefühl gegenüber einem Kind, das man selber in die Welt gesetzt hat. Das Kind ist immer da. Und natürlich weiß man in dem Moment nicht um die positiven Sachen. Man hat riesige Zukunftsangst und überhaupt die Angst: »Werde ich das packen?«

Geholfen hat dann später der Austausch mit anderen Eltern, deren Kinder auch unter einer Beeinträchtigung oder sogar schweren Behinderung leiden.

Wir hören einander zu, begleiten einander auf Behördengänge, die ja auch belastend sind für Eltern mit einem behinderten Kind. Man erlebt dort Sachbearbeiter, die einem das Leben noch zusätzlich schwer machen, anstatt einem zu helfen. Wir versuchen miteinander einen Weg zu finden, die Behinderung unserer Kinder anzunehmen und das Beste daraus zu machen.

Bettina, 36 Jahre

II. Da kamen zwei Ärzte, sehr nette. (...) Das haben sie alles richtig gemacht und haben über das dritte Chromosom gesprochen und Trisomie. Und irgendwann habe ich den Ärzten nicht mehr zugehört. Ich habe mir gedacht: »Was erzählen die da? Das hat nichts mit mir zu tun.« Bis ich dann irgendwann nachgefragt habe: »Sprechen Sie eigentlich von Down-Syndrom?« Weil so Trisomie und Chromosom, da hatte ich irgendetwas im Hinterkopf. Dann sagte der Arzt: »Ja.« Dann hab' ich gesagt: »Das glaube ich nicht. Ich kenne Menschen mit Down-Syndrom, ich sehe ihm das nicht an, das glaube ich nicht.« (...)

Ja, das war schon eine Angst um die Zukunft. Es hat wirklich die erste Nacht gedauert. Das war keine ewig lange Phase.

Claudia, 41 Jahre

III. Wir erfuhren erst mehrere Monate nach der Geburt, dass etwas mit der Entwicklung unseres Sohnes nicht stimmt. Bis dahin trösteten wir uns mit Aussprüchen wie: »Jedes Kind ist anders.« Oder: »In meiner Familie sind auch viele Spätzünder.«

Irgendwann konnten wir uns nichts mehr vormachen und suchten einen anderen Kinderarzt, der dann auch sofort feststellte, dass unser Kind an einer schweren Stoffwechselerkrankung leidet. Die Diagnose war zwar hart und erschütternd, aber wir wussten dann auch, woran wir sind, und konnten mit einer Therapie beginnen.

Karin und Paul, 35 und 32 Jahre

Worum es geht: Die Art und Weise der Diagnosemitteilung

Ein Kind kommt zur Welt und damit verbunden sind die Wünsche, Hoffnungen, Träume und auch Ängste von Eltern. Zumeist aber überwiegen Vorfreude und die positiven Erwartungen. Plötzlich kommt die Nachricht, dass etwas nicht in Ordnung ist – viele erfahren die Mitteilung einer Behinderung des ersehnten Kindes als Schock und Zusammenbruch aller Wünsche, Planungen und Erwartungen.

An den Wortlaut eines solchen Gespräches können sich viele Eltern oft noch jahrelang erinnern. Die Art und Weise der Diagnosemitteilung ist oft mitentscheidend dafür, wie die Behinderung des Kindes erlebt wird. Laut Untersuchungen gibt fast jedes fünfte Paar an, dass die Art der Mitteilung einer Behinderung kalt und herzlos gewesen sei.

Etwa die Hälfte der Befragten erinnerte sich an einen neutralen, sachlichen Ton. Nur die wenigsten bekamen diese – das Leben komplett verändernde – Nachricht hilfreich und einfühlsam überbracht.

Verbreiteter Irrtum: »Alle Ärzte sind kompetent und einfühlsam bei der Mitteilung der Diagnose«

Eigentlich wäre zu erwarten, dass Ärzte als medizinische Experten in den Stunden größter Betroffenheit und existentieller Krisensituationen einfühlsam reagieren. Das ist aber oft nicht der Fall. Stattdessen verschanzen sie sich hinter medizinischem Vokabular und stellen die Probleme in den Vordergrund. Das ist sicher nicht böse gemeint, aber häufig fehlt es an der Fähigkeit, mit den Eltern zu fühlen und statt kühler Distanz Einfühlungsvermögen zu zeigen und den Eltern Mut zu machen. Was würden Eltern darum geben, wenn der Arzt trotz harter Diagnose auch über die Hoffnung und Erfahrung spricht, dass besondere Kinder ihren Eltern nicht weniger Freude bereiten als andere oder die Entwicklung eines Kindes selten genau vorhersehbar ist!

Wie wurde Ihnen die Diagnose mitgeteilt?

Erinnern Sie sich noch an den Moment, als Sie die Mitteilung über die Behinderung Ihres Kindes erhielten? Die Art und Weise der Diagnosemitteilung prägt häufig stark mit, wie wir die Beeinträchtigung unseres Kindes erleben.

Häufig werden Diagnosen auf folgende Art und Weise mitgeteilt:

- *extrem verkürzt und ganz ohne Beratung*
- *als wenig einfühlsame Mitteilung*
- *es gibt keinerlei Mitteilung*
- *als unsichere Diagnose*
- *fachlich falsch*

Diese Art der Mitteilung stört das innere Gleichgewicht und das Selbstwertgefühl von Eltern. Vielleicht haben Sie in diesem Moment ähnliches empfunden: Das Gefühl, aus der Bahn geworfen zu sein, Ängste, Wut und Verzweiflung. Unsensible Mitteilungen führen zu Verletzungen, Demütigungen und Missverständnissen.

Die Diagnosemitteilung ist eine emotional sehr belastende Stresssituation für die meisten Eltern. Es ist normal, dass Mütter und Väter die medizinischen Informationen dabei gar nicht richtig verarbeiten können. Stattdessen schwirren ihnen Ängste, Sorgen und Fragen durch den Kopf.

Mögliche Gedanken und Fragen:
- *Jetzt bricht für mich eine Welt zusammen, ich sehe keine Zukunft mehr!*
- *Was mag auf mich zukommen; kann ich das alles schaffen?*
- *Meine gesamte Lebensplanung ist in Frage gestellt.*
- *Bekomme ich die Herausforderung eines Lebens mit einem besonderen Kind in den Griff?*
- *Wie können wir als Ehepaar und Familie die Belastungen und Anforderungen bewältigen?*

In dieser Phase sind Eltern stark mit sich selbst beschäftigt und sehr verletzlich. Und ausgerechnet in dieser Situation sind sie gleichzeitig mit einer Fülle von Anforderungen und Personen konfrontiert: Schwierigkeiten im Umgang mit dem Kind allein zuhause, Arztbesuche, unter Umständen Krankenhausaufenthalte, die Auseinandersetzung mit Frühförderung, Therapeuten, ersten Institutionen, Behörden, Krankenkasse usw.

Gut zu wissen: Vom Umgang mit Schicksalsschlägen

Wenn Sie in diesen Augenblicken gegen Ihr Schicksal rebellieren, ist das normal. Vielleicht kennen Sie die biblische Geschichte von Hiob, der sich gegen sein Schicksal und gegen Gott auflehnte und seine Verzweiflung herausschrie:

»Wenn ich Gott auch anrufe, dass er mir antwortet, so glaube ich nicht, dass er meine Stimme hört, vielmehr greift er nach mir im Wettersturm und schlägt mir viele Wunden ohne Grund. Er lässt mich nicht Atem schöpfen, sondern sättigt mich mit Bitternis. (…) Ich bin unschuldig! Ich möchte nicht mehr leben; ich verachte mein Leben.« (Hiob 9,16–21)

So merkwürdig es klingt: Diese Art der Auseinandersetzung mit dem Schicksal ist bereits der erste Schritt in ein neues Leben, auch wenn bis zur Akzeptanz Ihrer Situation einige Zeit vergehen kann.

Es ist normal, dass Zweifel und Fragen aufkommen. Wie können Sie in einem weiteren Schritt am besten damit umgehen?

Auch, wenn es banal und wie billiger Trost klingt: Die Zukunft ist immer ungewiss. Auch die Eltern »normaler« Kinder wissen nicht, wie sich ihr Junge oder Mädchen entwickeln wird und welche Schwierigkeiten in der Zukunft auftauchen können.

Wir sollten uns keine Sorgen machen über Dinge, die weit in der Zukunft liegen, denn dies kostet uns nur Energie. Denken Sie lieber von Tag zu Tag, von Woche zu Woche.

Persönliche Stärke erfahren

- Ich lerne, kleine Schritte zu machen – einen nach dem anderen.
- Ich vertraue der Aussage anderer betroffener Eltern, dass man langsam, aber sicher in das Leben mit einem besonderen Kind hineinwächst.

Gut zu wissen: Wer ist schuld?

Gibt es Probleme, beziehen Frauen dies häufig auf sich. Daher sind Schuldvorwürfe, denen man sich ausgesetzt fühlt, sehr belastend. Etwa ein Drittel der Familien werden mit Vorhaltungen wegen der Behinderung ihres Kindes konfrontiert (wobei diese Vorwürfe unabhängig von der Art der Behinderung sind).

5. KAPITEL

Schuldvorwürfe werden meistens den Müttern gegenüber ausgesprochen, die sich dann oft als Versagerinnen fühlen. Ein Fünftel aller Mütter von Kindern mit Behinderung hat damit zu kämpfen. Es zeigt sich, dass diese Vorwürfe vor allem von den Großmüttern kommen. Vorwürfe wie: »Musste das wirklich sein?« werden jedoch auch von der Gesellschaft geäußert, zum Beispiel, wenn es sich um eine Behinderung handelt, die durch die Pränataldiagnostik bereits während der Schwangerschaft hätte erkannt werden können (etwa beim Down-Syndrom).

Eltern – vor allem Mütter – stellen sich dann Fragen wie:
- *Habe ich in der Schwangerschaft etwas falsch gemacht oder mich falsch verhalten?*
- *Warum gerade ich und mein Kind (oder mein Familienangehöriger)?*
- *Womit habe ich das verdient?*

Unsere eigenen Erfahrungen

Wir mussten tatsächlich erleben, dass ein nahes Familienmitglied den Vorwurf erhob: »Ihr seid schuld an der Behinderung eurer Tochter!« Dieser Satz geht uns bis heute nach, hat sich uns tief eingebrannt.

Daraus entwickelt sich dann leicht ein Gefühl der Abwertung, Ausgrenzung und Überforderung sowie die Angst vor dem Ungewissen. Eltern haben oft den Eindruck, ihnen sei großes Unrecht widerfahren.

Uns wurde angeraten, untersuchen zu lassen, ob nicht ein Gendefekt in einer unserer beiden Familien vorliege. Die moderne Humangenetik ermöglicht es ja unter Umständen, durch Testverfahren die »Verursacherfamilie« zu identifizieren. Wir haben uns gegen Tests dieser Art entschieden, um Schuldzuweisungen wie: »Du bist dafür verantwortlich« oder »an dir hat es gelegen« unter uns Ehepartnern gar nicht erst aufkommen zu lassen.

Wir selbst entschieden uns vor allem aus drei Gründen dagegen:

1. Diese Untersuchungen wollten wir unserer Tochter ersparen, denn sie wären langwierig gewesen.
2. An der gegenwärtigen Situation hätten sie nichts geändert.
3. Wir brauchten unsere Kräfte für die Bewältigung des Alltags mit unserem Kind und den anfallenden Pflichten: Beruf, Beenden der Ausbildung, Haushalt und Fördermaßnahmen für unsere Tochter.

Wir wünschten uns weitere Kinder und wollten uns davon nicht abbringen lassen. Später erfuhren wir, dass in unserer Verwandtschaft tatsächlich bereits geistige Behinderungen aufgetreten waren, worüber jedoch kaum gesprochen worden war.

Viele Eltern erleben Ausgrenzung aufgrund einer Behinderung und empfinden dies auch als besonders schlimm. Die Ausgrenzung betrifft die ganze Familie, Geschwisterkinder, Eltern und sogar Großeltern. Auch Kinder können grausam zu Menschen mit Beeinträchtigungen sein, aber oft sind die Erwachsenen das Problem und nicht die Kinder.

Hier hilft es, auf andere zuzugehen, offen zu sein, um ins Gespräch zu kommen. Tun Sie den ersten Schritt und sprechen Sie über die Behinderung Ihres Kindes, auch wenn es Sie nervt, immer wieder Erklärungen abgeben zu müssen. Je offener Sie sind, desto größer ist die Wahrscheinlichkeit, Verständnis zu erfahren.

Worum es geht: Über den Umgang mit der Opferrolle

Es ist normal, sich anfangs als Opfer zu fühlen. Die fachlich »einleuchtenden« Antworten auf die Ursachen einer Behinderung wie Genetik, Geburtskomplikationen, Unfall oder Krankheit helfen zunächst nicht. Die schmerzhafte Erfahrung, dass das Kind den »normalen« Leistungsansprüchen der Gesellschaft nicht entspricht, lässt Gefühle der Ohnmacht aufkommen, man fühlt sich dann dem Schicksal ausgeliefert und ausgegrenzt.

Das gilt es auszuhalten: Niemand ist verantwortlich für die Behinderung des Kindes, weder die Familie noch die Gesellschaft – aber am wenigsten sind Sie selbst daran schuld.

Es ist verständlich, wenn Menschen angesichts eines Schicksalsschlages und scheinbar unlösbarer Probleme verzagen. Zeiten, wo alles nur düster erscheint, wechseln ab mit Phasen, wo man mit dem Schicksal versöhnt ist.

Aber: Sich langfristig als Opfer zu fühlen bedeutet, negativen Energien und Ohnmachtgefühlen ausgeliefert zu sein und sich mit der eigenen Geschichte nicht versöhnen zu können.

Typisch für die Phase nach dem Schock der Diagnose ist oft Unsicherheit im Umgang mit dem Kind und das Gefühl der Überforderung. Es gibt keine Erfahrung, auf die man zurückgreifen kann, und es fehlt an Wissen, wie man nun am besten mit dem Kind umgeht.

Viele Eltern sind auch hilflos und orientierungslos, wenn erste Therapie- und Fördermaßnahmen vorgeschlagen werden, Anträge gestellt und Hilfsmittel besorgt werden müssen. Die Unübersichtlichkeit der Versorgungsmöglichkeiten, verbunden mit der Unerfahrenheit der Eltern führt dazu, dass sie sich hilflos fühlen. Besonders Mütter kommen in dieser Phase an die Grenzen ihrer Belastbarkeit. In diesen ersten Tagen und Wochen des Zusammenseins mit dem Kind besteht also – besonders für Mütter – ein großer Unterstützungsbedarf.

Von der Herausforderung zum persönlichen Gewinn: Nicht mehr Opfer sein

Arbeiten Sie daran, die Opferhaltung aufzugeben, indem Sie Ihr Leben in die Hand nehmen und nach vorne schauen. Was vorbei ist, ist vorbei. Sie haben immer wieder die Wahl, sich und Ihr Schicksal zu betrauern oder aktiv zu werden und das Beste aus der Situation zu machen. Entscheidend ist die eigene emotionale Bewertung: Bin ich Opfer oder Gestalter?

Akzeptieren Sie die gegebenen Verhältnisse und konzentrieren Sie sich auf das, was Sie tatsächlich bewirken können.

Bedenken Sie: Die Vergangenheit ist vorbei und nicht mehr zu ändern, die Zukunft ist kaum vorhersehbar. Die Gegenwart hingegen können Sie aktiv gestalten – im Gegensatz zu vergangenem Leid und zukünftiger Sorge. Wichtig ist die Gegenwart. Ergreifen Sie die Initiative, nehmen Sie Ihr Leben in die Hand. Anselm Grün sagt: *Statt zu hadern, können Sie so handeln, beten und vertrauen, dass sich alles in Segen verwandelt.*

Für Zufriedenheit trotz großer Belastungen ist es wichtig, alle Empfindungen von Ohnmacht in konkrete Pläne umzuwandeln. Für den Fall, dass Sie sich überfordert fühlen, gibt es Hilfsmöglichkeiten (staatliche Stellen, Selbsthilfegruppen) und Familien in vergleichbaren Situationen. Sie sind nicht alleine mit den Belastungen. Es stimmt wirklich: Man wächst in seine Aufgaben hinein – man wächst mit den Aufgaben. Entdecken und nutzen Sie die Energie und Dynamik, für sich selbst, Ihr Kind und Ihre gesamte Familie zu kämpfen. Das Verharren in der Opferrolle hingegen schwächt.

Persönliche Stärke erfahren

- Ich suche nach Hilfen und nehme sie an.
- Ich entscheide mich, in der Gegenwart zu leben, und lasse mich nicht von der Zukunft ängstigen.
- Ich nehme die gegebenen Verhältnisse an, statt in einer scheinbar ohnmächtigen Position zu verharren.

Ermutigung von anderen Eltern

In unseren Interviews mit Eltern von Kindern mit Behinderung haben wir folgende Aussagen gehört:

- *Eltern unterschätzen oft ihre Fähigkeit, mit ihrem Kind zu wachsen.*
- *Jedes Kind ist ein Geschenk, das zunächst noch eingepackt ist.*
- *Mit einem besonderen Kind hat man nicht weniger Freude als mit jedem anderen Kind.*

Von der Herausforderung zum persönlichen Gewinn: Aktionen, stärkende Worte oder Handlungen, um die Opferrolle abzulegen

Machen Sie eine Bestandsaufnahme Ihrer Situation:

- *Womit komme ich augenblicklich nicht zurecht und welche Hilfe benötige ich?*
- *Was belastet mich zurzeit besonders?*
- *Welche Handlungsmöglichkeiten kann ich selbst ergreifen?*

Konzentrieren Sie sich darauf, was Sie selbst verändern können, zum Beispiel kleine Hilfen für den Alltag. Organisieren Sie praktische Hilfen im Haushalt durch Freunde oder Verwandte und fragen Sie nach staatlicher Unterstützung im Umgang mit dem Kind, zum Beispiel durch die Hebamme (siehe Kapitel 6).

Helfen kann auch ein selbststärkendes Motto (also ein Satz, ein Wort, ein Bild, ein Musikstück oder eine Handlung), das Sie ablenkt von negativen Gedanken und Sie beruhigt oder aufbaut. Als persönliche Kraftquelle bieten sich zum Beispiel folgende Aussagen oder Aktionen an:

- *Ich bestimme, wie ich mich fühle.*
- *Was hinter mir liegt, ist unbedeutend, verglichen mit dem, was in mir steckt.*

- *Ich lebe im Hier und Jetzt und blicke positiv in die Zukunft.*
- *Nimm es, wie es kommt.*
- *Einen Weg gibt es immer.*
- *Es muss gehen und es geht auch.*
- *Gib mir Kraft für einen Tag, Herr, ich bitte nur für diesen, dass mir werde zugewiesen, was ich heute brauchen mag.*
- *Am Ende wird alles gut, und wenn es noch nicht gut ist, dann ist es noch nicht das Ende.*

Nutzen Sie die Kraft von Ritualen: Nehmen Sie zum Beispiel Abschied vom Leid durch eine symbolische Handlung: Schreiben Sie auf einen Zettel, was Sie als Unrecht an Ihnen empfinden und welches Leid Ihnen widerfahren ist. Dann verbrennen oder zerreißen Sie den Zettel mit den Worten: »Ich will kein Opfer sein. Ab heute stelle ich mich den Herausforderungen und nehme mein Leben in die Hand. Dazu habe ich die innere Kraft.«

Wiederholen Sie diese oder ähnliche Sätze mehrmals oder pinnen Sie Ihr Motto an einen gut sichtbaren Ort.

In schweren und guten Tagen gab und gibt uns persönlich der Glaube an Gott und seine Hilfe sowie das Gebet und die Liturgie der katholischen Kirche stets Halt und Hoffnung – bis heute.

5. KAPITEL

> **Kurz & knapp**
>
> **Fünf Phasen der Krisenverarbeitung**
>
> Es ist hilfreich, zu wissen, dass Experten unterschiedliche Phasen der Krisenverarbeitung ausgemacht haben, die Eltern nach der Diagnose einer Behinderung oft durchlaufen:
>
> 1. Familien fühlen sich in ihrer Existenz und Zukunftshoffnung bedroht. Als Reaktion darauf entwickeln sie Trauer, Verzweiflung oder sogar Wut. Manche fühlen sich verantwortlich für die Behinderung ihres Kindes und machen einander Vorwürfe wegen der Beeinträchtigung des Kindes.
> 2. Oft verleugnen Eltern zunächst die Behinderung ihres Kindes.
> 3. Familien revoltieren gegen ihr Schicksal.
> 4. In dieser Phase des Lebens versuchen Eltern mit dem Schicksal zu verhandeln. Sie betreiben Ursachenforschung und suchen nach Hilfsmöglichkeiten: Sie gehen zu verschiedenen Ärzten, Therapeuten und Fachleuten.
> 5. Die Eltern akzeptieren die Situation und bewältigen sie entweder auf positive oder negative Art und Weise. Dies ist die längste Phase und in den meisten Fällen wird sie auch nie endgültig abgeschlossen sein.

Jede Krisenverarbeitung ist also ein Lernprozess, der dazu führen kann, eine realistische und positive Haltung zur Behinderung des Kindes zu entwickeln. Gelingt dieser Prozess, kann das besondere Kind angenommen werden und die Eltern sind motiviert, ihr Kind – so, wie es ist – zu akzeptieren und zu lieben.

Entwicklungspotenzial:
Zuwachs an Handlungsfähigkeit, Wissen und Fertigkeiten

Gleichgültig, wie groß Ihre Probleme sind oder wie sehr Sie sich wünschen, dass das Leben und die Anforderungen andere wären: Akzeptieren Sie die augenblickliche Realität. Schauen Sie auf das, was Sie erreicht haben. Wir ermutigen Sie, die gegenwärtige Situation anzunehmen und eine positive Haltung dem Kind gegenüber zu entwickeln!

Woher nehmen Eltern – insbesondere Mütter – die Kraft, Belastungen und Herausforderungen, die mit der Pflege eines Kindes mit Beeinträchtigungen oder chronischen Krankheiten verbunden sind, über Jahre zu tragen? Laut empirischen Untersuchungen spielt hierbei die tiefe emotionale Verbundenheit mit dem Kind und seine Verletzlichkeit und Hilfsbedürftigkeit eine große Rolle. Diese Erfahrungen setzen offenbar ungeahnte Kräfte frei, um das Kind am Leben zu erhalten und zu unterstützen. Zugleich verleiht die Pflege und Versorgung des Kindes dem Leben Sinn und wird als große Bereicherung erlebt.

Auf folgende Weise können Sie Lebensmut und Stärke gewinnen:

Lernen Sie einander kennen. Nehmen Sie immer wieder Kontakt zu Ihrem Kind auf. Lernen Sie Ihr Kind ohne Vorbehalte kennen. Nehmen Sie es in den Arm, betrachten Sie es, küssen Sie es, schauen Sie in sein Gesicht, streicheln Sie es und betrachten Sie die kleinen Finger.

Benutzen Sie alle Ihre Sinne. Ein wunderbares, einzigartiges Wesen wurde Ihnen geschenkt. Spüren Sie seinen Lebenswillen. In diesen intimen Momenten können unauflösliche Bindungen, Zusammengehörigkeit und Familienbande entstehen oder wieder aktiviert werden. Die Liebe wird Sie für alles stärken, was noch kommen mag. Somit mobilisieren Sie erste eigene »Bewältigungskräfte«. Nach dem ersten Schock oder in Zeiten der Erschöpfung werden Sie Ihr besonderes Kind intensiver als liebenswert und schützenswert empfinden, als ob es etwas mitgebracht hat, was ihm besonders viel Liebe garantieren soll. Diese Sichtweise wird Sie begleiten, auch wenn das Kind dann älter ist.

Nehmen Sie sich Zeit. Lassen Sie sich Zeit, setzen Sie sich nicht unter Druck. Es ist normal, dass Eltern die Behinderung zuerst nicht wahrnehmen wollen. Es braucht Zeit, Diagnosemitteilung und Gefühle zu verarbeiten. Zuneigung und Hoffnung können sich mit Enttäuschung, Wut und Ablehnung vermischen.

Trauer und Verzweiflung, Zorn und Schuldgefühle, Fremd- und Selbstvorwürfe sollten Sie zulassen und aushalten. Diese Impulse sind ein notwendiger Verarbeitungsprozess. Es braucht Zeit, angemessen mit der völlig neuen Situation umzugehen und neue Perspektiven zu entwickeln.

Lassen Sie Gefühle zu. Lassen Sie alle Arten von Gefühlen zu. Verarbeiten Sie den ersten Schock auf Ihre eigene Art und Weise und ohne Schuldgefühle. Auch Wutanfälle können eine Art Kraftquelle sein. Weinen Sie, schreien Sie, klagen Sie an. Sie dürfen ungewohnte Emotionen – wie negative Gefühle – zulassen.

Informieren Sie sich. Aber dann blicken Sie nach vorne. Mit der Diagnosemitteilung entwickelt sich bei Ihnen das Bedürfnis nach Erklärungen und Antworten auf viele Fragen. Informieren Sie sich auch selbst über die Behinderung Ihres Kindes und über Unterstützungsangebote: Werden Sie Experte in eigener Sache!

Um ein möglichst umfassendes Bild über die Behinderung zu erhalten, können Sie mehrere Informationsquellen nutzen: Ärzte, Therapeuten, Lehrer, Erzieherinnen, aber auch Bibliotheken, das Internet, Fachliteratur oder Informationsschriften von Selbsthilfegruppen. Im Internet besteht die Gefahr, ungesicherte, fehlerhafte oder falsche – und oftmals nicht hilfreiche – Auskünfte zu bekommen. Ziel der Informationssuche sollte sein, die Behinderung zu verstehen, sowie der Wunsch, dem Kind zu helfen und es zu fördern.

Werden Sie gelassener. Seien Sie sich bewusst, dass eine einmal gestellte Diagnose noch nichts über die individuelle Entwicklung und den tatsächlichen Behinderungsverlauf aussagt. Es gibt viele Arten und Grade einer geistigen, psychischen oder körperlichen Einschränkung. Auch Eltern von »normalen« Kindern werden immer wieder durch unvorhergesehene Entwicklungen überrascht.

Lassen Sie positive Erwartungen zu. Achten Sie auf die Fortschritte Ihres Kindes. Auch wenn sie noch so klein sind: Es sind Fortschritte! Notieren Sie sich diese Erfolge in einem »Fortschrittstagebuch«, das auch später bei Arztbesuchen von Nutzen sein kann.

> **Persönliche Stärke erfahren**
>
> - Ich habe eine positive emotionale Beziehung zu meinem Kind entwickelt.
> - Ich habe mein Kind liebgewonnen.
> - Mein besonderes Kind ist keine Last, sondern eine Chance, das Leben neu zu entdecken – und ein Geschenk, das ich nicht mehr hergeben möchte.

5. KAPITEL

Kurz & knapp

Veränderung der Lebenseinstellung

Die mit Abstand wichtigste positive Auswirkung bei allen Eltern von Kindern mit Beeinträchtigungen oder chronischen Krankheiten ist die Veränderung der Lebenseinstellung. Alle Eltern gaben an, dass sie in dieser Situation neue Werte für ihr weiteres Leben gewonnen haben. Dies bedeutet, dass Eltern durch die Geburt eines besonderen Kindes einen Wendepunkt in ihrer persönlichen Entwicklung erfahren. Die Ansprüche und Normen der Leistungsgesellschaft werden seitdem zum Beispiel kritischer gesehen.

Einfach mal nachgefragt:

- *Welche Krisen, welche Tiefpunkte haben Sie in der Vergangenheit erlebt und gemeistert? Wie wurden sie überwunden?*
- *Was hat der Familie in der Vergangenheit bei der Bewältigung von Krisen geholfen?*

Ermutigung von anderen Eltern

In unseren Interviews mit Eltern von Kindern mit Behinderung haben wir folgende Aussagen gehört:

- *Der Tiefpunkt, die Angst, ins Bodenlose zu fallen, wird nie mehr so groß sein wie in den ersten Tagen.*
- *Herausforderungen sollte man nicht von vornherein als unlösbare Probleme ansehen.*
- *Kleinigkeiten und positive Ereignisse verstärkt wahrnehmen, das baut auf.*

- *Die Herausforderungen annehmen und dadurch mentale Stärken entwickeln.*
- *Sich nicht an Hindernissen »festbeißen«.*
- *Übernehmen Sie selbst Verantwortung! Delegieren Sie die Verantwortung nicht ausschließlich an Ärzte, Therapeuten. Es ist Ihr Leben und das Leben Ihres Kindes.*
- *Achten Sie darauf, sich emotional zu stärken und aufzubauen: Gehen Sie unter Leute, treiben Sie Sport, singen Sie im Chor, üben Sie ein anderes Hobby aus oder suchen Sie Unterstützung in der Nachbarschaft, bei Freunden oder in einer Kirchengemeinde.*

Worum es geht: Bei fehlenden oder unklaren Diagnosen

Wir erinnern uns noch gut daran, wie die Schwiegermutter eines Tages konstatierte: »Mit dem Kind stimmt etwas nicht.« Wer hört so etwas schon gerne? Es stürzte uns in eine große Rat- und Hilflosigkeit und wir nahmen eine Abwehrhaltung ein.

Eine fehlende konkrete Diagnose der Behinderung oder Krankheit des Kindes belastet Eltern und Familien sehr. Nicht zu wissen, was seinem Kind fehlt, ist belastender und zermürbender als das Wissen um eine konkrete Diagnose. Außerdem kostet es viel Zeit, den richtigen Ansprechpartner für die medizinische oder therapeutische Behandlung zu finden. Ärzte wissen nie alles über eine Behinderung und deren Behandlung.

Das Durchleben von Phasen des Bangens und Hoffens, von medizinischen Untersuchungen, diagnostischen Erklärungen, Therapien und Fördermaßnahmen führt zu ständigem Dauerstress und zu emotionalen Wechselbädern. Je länger die Ungewissheit andauert, desto belastender wird die Situation erlebt und führt zu Schuldzuweisungen, Anklagen, Selbstanklagen und Ratlosigkeit.

5. KAPITEL

Von der Herausforderung zum persönlichen Gewinn: Endlich eine Diagnose

Für Familien, die die Störungen oder Symptome des Familienmitgliedes lange nicht deuten können und denen Fachleute nicht helfen konnten, wirkt eine Diagnose entlastend. Sie vermittelt Klarheit und nimmt Unsicherheiten. Finden schwierige Verhaltensweisen (zum Beispiel Aggressivität oder Schreien) eine diagnostische Erklärung, brauchen Eltern nicht mehr an ihren erzieherischen Fähigkeiten zu zweifeln. Sie erleben die Diagnose als Stütze, werden befreit von der »Schuld« an den Schwierigkeiten mit dem Kind.

Je besser Sie die Behinderung einordnen und verstehen können, desto größer ist die Möglichkeit, konstruktiv mit Schwierigkeiten umgehen zu können.

Wie bereits in Kapitel 2 beschrieben, erging es uns genauso, denn nach über einem Jahr Unsicherheit über den Entwicklungsstand unserer Tochter war die Diagnose der geistigen Behinderung wie eine Erlösung für uns.

Einfach mal nachgefragt:

- *Ziehen Sie gelegentlich Bilanz: Wie kommen Sie mit der Behinderung zurecht?*
- *Wieweit ist der Prozess der Anpassung an veränderte Lebensumstände erfolgt?*

Wenn Sie den Eindruck haben, dass die zunächst aufgesuchten Fachleute Ihnen nur ungenügende Antworten geben oder selbst ratlos sind, ergreifen Sie selbst die Initiative!

Besorgen Sie sich hilfreiche Literatur für Ihren Alltag mit beeinträchtigten Familienmitgliedern. Oder suchen Sie den Kontakt zu anderen Ärzten, Spezialzentren oder Selbsthilfegruppen (siehe Kapitel 12).

Mehr Informationen

Kinderärzte im Netz: *www.kinderaerzte-im-netz.de/krankheiten/unheilbare-krankheiten/hilfsangebote/*

Arztsuche: Hier können Sie nach einem Arzt, Krankenhaus oder Pflegeanbieter suchen: *www.weisse-liste.de*. Die »weiße Liste« bietet einen Befund-Dolmetscher.

Auch die Bundesärztekammer hilft bei der Arztsuche: *www.bundesaerztekammer.de/service/arztsuche/*

Thema Zahnarzt

Ein Behandlungszentrum für die zahnärztliche Versorgung von schwer mehrfach behinderten Menschen: *Mund-, Kiefer- und Gesichtschirurgie des Vivantes Klinikum Neukölln, Rudower Str. 48, 12351 Berlin, Telefon 0 30/1 30-14 20 45*

Schwierig ist die Suche nach einem Zahnarzt, der auf die speziellen Bedürfnisse von besonderen Kindern eingeht, wie zum Beispiel eine Behandlung unter Vollnarkose.

Bei der Zahnarztsuche empfiehlt es sich, bei der Kassenärztlichen Vereinigung oder der Landeszahnärztekammer nachzufragen. Diese führen in der Regel Listen mit Zahnärzten, die in der Behandlung von Menschen mit (geistiger) Behinderung Erfahrung haben. Dieser und die nachfolgenden Tipps gelten auch bei der Suche nach anderen Fachärzten. Auch Krankenkassen, Gesundheitsämter und Träger von Wohneinrichtungen wie die örtliche *Lebenshilfe*, Diakonie oder Caritas geben Tipps.

Gut zu wissen: Spezialzentren können helfen

Sechs bis sieben Prozent der Einwohner Europas leiden unter einer seltenen Krankheit, in Deutschland sind es etwa vier Millionen Menschen. Wenn Haus- und Fachärzte nicht weiter wissen oder es einer speziellen

Behandlung bedarf, können Sie sich an ein Zentrum für seltene Erkrankungen oder an eines für Menschen ohne Diagnose wenden:

Adressen und Ansprechpartner für seltene Krankheiten:

Zentren für seltene Erkrankungen: *www.orpha-selbsthilfe.de/zentren-fuer-seltene-erkrankungen-und-fuer-menschen-ohne-diagnose*

Das Tübinger Zentrum für seltene Erkrankungen ist der Universität angeschlossen und gliedert sich in mehrere Spezialzentren auf: *www.zse-tuebingen.de*

Am Zentrum für seltene Erkrankungen am Universitätsklinikum Bonn können Sie telefonisch, per E-Mail oder Brief Kontakt aufnehmen, den bisherigen Krankheitsverlauf und Befunde samt einem Fragebogen einschicken. Anhand der Akten werden dann Diagnosen erstellt: *https://zseb.uni-bonn.de/home/*

Weitere Spezialzentren:

- *Berliner Centrum für Seltene Erkrankungen*
- *Centrum für Seltene Erkrankungen der Ruhr-Universität Bochum*
- *Zentrum für Seltene Erkrankungen Essen*
- *Frankfurter Referenzzentrum für Seltene Erkrankungen*
- *Zentrum für Seltene Erkrankungen Freiburg*
- *Zentrum für Seltene Erkrankungen Hamburg*
- *Zentrum für Seltene Erkrankungen Hannover (MHH)*
- *Zentrum für Seltene Erkrankungen Heidelberg*
- *Zentrum für Seltene Erkrankungen Lübeck*
- *Zentrum für Seltene Erkrankungen Mannheim*
- *Centrum für seltene Erkrankungen Universitätsklinikum Münster*
- *Zentrum für Seltene Erkrankungen Ulm*

Patientenberatung bei seltenen Erkrankungen:

ACHSE ist ein Netzwerk von Patientenorganisationen von Kindern und erwachsenen Betroffenen mit seltenen Erkrankungen und ihren Angehörigen: *ACHSE e. V., c/o DRK-Kliniken Berlin-Mitte, Drontheimer Str. 39, 13359 Berlin, Telefon 0 30/3 30 07 08-0, E-Mail beratung@achse-online.de*

Das Kindernetzwerk besitzt eine Datenbank zu rund 2 200 (auch seltenen) Erkrankungen oder Behinderungen sowie weiterführende Adressen (Kliniken oder Elternvereinigungen): *Kindernetzwerk e. V., Hanauer Str. 8, 63739 Aschaffenburg, Telefon 0 60 21/1 20 30, Telefax 0 60 21/1 24 46, www.kindernetzwerk.de, E-Mail info@kindernetzwerk.de*

Ein Text für stille Momente

Im Buch *Momo* von Michael Ende verrät der Straßenkehrer Beppo ein Geheimnis:

»Manchmal hat man eine sehr lange Straße vor sich. Man denkt, die ist schrecklich lang; das kann man niemals schaffen (...). Man darf nie an die ganze Straße auf einmal denken, verstehst du? Man muss immer nur an den nächsten Schritt denken, an den nächsten Atemzug, an den nächsten Besenstrich. Dann macht es Freude; das ist wichtig, dann macht man seine Sache gut. Und so soll es sein. Auf einmal merkt man, dass man Schritt für Schritt die ganze Straße gemacht hat. Man hat gar nicht gemerkt wie...«[8]

6.

»WIR HABEN GELERNT, KLEINE SCHRITTE ZU MACHEN«
Den Alltag bewältigen

»Wir müssen Geduld jeden Tag neu erfinden.«
Gebärdensängerin Kerstin Rodgers

In diesem Kapitel erfahren Sie:

- wie Sie Alltagsstress bewältigen
- wie Sie Handlungssicherheit gewinnen
- welche Möglichkeiten es gibt, Ihre eigenen Stärken zu entdecken
- warum Ihre Gesundheit so wichtig ist
- was Ihnen im Alltag hilft

Eltern berichten

I. Wir haben uns bemüht, unser normales Leben weiterzuleben, auch mit dem gesunden Kind. So sehr wir uns mühten: Es ging aber nicht, es kam immer etwas dazwischen. Am Tag und in der Nacht hatte Sara zum Beispiel Schreiattacken. Dann mussten wir ihr noch eine Sonde legen. Morgens waren wir total fertig und der Haushalt blieb völlig liegen.

> Wir waren so unsicher und hilflos, jeder neue Tag stellte ein unüberwindbares Hindernis dar.
>
> Aber irgendwann haben wir uns gesagt: Wir müssen unser Leben umstellen. Und langsam haben wir die Situation in den Griff bekommen, weil wir im Umgang mit unserer Tochter Sicherheiten entwickelten.
>
> *Jutta, 38 Jahre*

> **II.** Nach dem Unfall unseres zweiten Sohnes Jonas änderte sich fast alles in unserem Leben. Der Alltag wurde völlig auf den Kopf gestellt. Da unser Jonas gelähmt ist, wurde die gesamte Familie eingebunden. Morgens hat jeder seine Aufgaben zu erfüllen, auch der große Bruder. Das Waschen und Anziehen übernehme ich. Aber auf Reisen müssen wir darauf achten, dass wir eine behindertengerechte Wohnung finden, also im Erdgeschoss und mit Rampe. Dasselbe gilt auch für Ausflüge.
>
> Man bekommt jetzt einen völlig neuen Blick auf die Umgebung und das Leben überhaupt.
>
> *Sabine, 29 Jahre*

Gut zu wissen: Der Anfangsstress kann bewältigt werden

Die Heimkehr in den Alltag wird zunächst geprägt durch die neuen Herausforderungen und den Zuwachs an Fähigkeiten. Da ist zuerst der Erwerb spezieller Pflegefertigkeiten.

Für das Leben mit einem besonderen Kind gibt es in den wenigsten Familien Vorbilder oder Muster, an denen man sich orientieren könnte. Es fehlt an überliefertem Wissen, zum Beispiel durch andere Familienangehörige. Der herausfordernde Alltag mit einem behinderten Familienmitglied erscheint Eltern deshalb oft als ein unüberwindliches Problem, bis sie ihren eigenen Weg gefunden haben, Hindernisse aus dem Weg zu räumen.

Zwar können Sie die Behinderung oder Krankheit nicht rückgängig machen, aber Sie haben großen Einfluss auf Ihre Gedanken und Reaktionen. Der Alltag wird als weniger belastend erfahren, wenn man davon überzeugt ist, ihn bewältigen zu können. Sie mögen große Pläne für Ihr Kind haben – Ihr Kind aber hat andere Pläne mit Ihnen. Sehen Sie Anfangsstress nicht als dauerhaft, sondern als zeitlich begrenzt an. Auf diese Weise entwickeln Sie mehr Kraft für Gegenwart und Zukunft. Durch die Gewissheit, die eigenen Lebensumstände positiv zu beeinflussen, werden Sie Stärke für den Alltag entwickeln.

Im Rückblick auf unsere »Karriere« als Eltern eines besonderen Kindes können wir sagen: Die meisten Kinder mit Beeinträchtigung entwickeln sich anders – oft langsam, aber stetig – und die Eltern sind zurecht stolz auf ihre besondere Entwicklung, trotz mancher Eigenheiten.

Mit der Diagnose »behindert« oder »chronisch krank« stürzen auf Eltern und Familie zunächst Gefühle und Anforderungen ein, die erst langsam aufgearbeitet werden können. Zunächst gilt es, jeden neuen Tag zu gestalten und zu bewältigen.

Worum es geht: Erwerb spezieller Pflegefertigkeiten

Wichtig wird nun der Erwerb spezieller Pflegefertigkeiten. Sind Eltern zu Beginn oft ratlos und unsicher, wie sie mit Verhaltensauffälligkeiten, krankengymnastischen Übungen oder pflegerischen Aufgaben umgehen sollen, gewinnen sie im Laufe der Zeit vielfältige Pflegefähigkeiten, Ideen und Fertigkeiten. Das hört sich so einfach an, ist es aber in Wirklichkeit nicht, wie viele Eltern berichten.

Häufig fühlen sich pflegende oder fördernde Eltern allein gelassen mit den konkreten Ansprüchen des Alltags. Außer in Kliniken und bei Therapeuten bekommen sie selten professionelle Unterweisung und Anleitung bei Pflegemaßnahmen und komplizierter Technik, wie zum Beispiel bei Absauggeräten. Nach einem »Crash-Kurs« muss die Bedienung dann klappen.

Auf verschiedene Weisen können Sie spezielle Pflegefertigkeiten erlernen:

- *Beobachten Sie Übungen bei der Krankengymnastik, lassen Sie sich Übungen zeigen und wiederholen Sie zuhause das Erlernte.*
- *Lassen Sie sich durch Fachleute schulen bzw. anleiten bei Handgriffen und im Umgang mit Geräten. Oft sind Erklärungen oberflächlich und wenig nachvollziehbar. Bestehen Sie auf ausführliche Einweisungen, notfalls mit mehrfacher Nachfrage.*
- *Entwickeln und erproben Sie eigene Pflegeideen. Sie sind größtenteils mit Ihrem Kind zusammen, Sie entdecken im Laufe der Zeit besser als alle Experten, was für das Kind gut ist, welche Handgriffe Ihnen und dem Kind gut tun.*

Persönliche Stärke erfahren

- Nach wenigen Wochen habe ich erste Fertigkeiten erworben und bin geeignet für die Pflege meines Kindes.
- Ich habe mich den Anforderungen gestellt und Stück für Stück Sicherheiten entwickelt bei der Bewältigung des Pflegealltags.

Worum es geht: Umgang mit Versorgungssystemen

Mit der Zeit werden Sie Managerqualitäten entwickeln: Arzt- und Kliniktermine sowie Therapie- und Fördermaßnahmen müssen geplant werden. Daneben sucht man Ämter auf, stellt Anträge und besorgt Verordnungen und Hilfsmittel. Wichtige Informationen über Leistungsansprüche werden oft nur per Zufall erfahren. Viele Eltern stehen diesen Anforderungen anfangs hilflos gegenüber, nehmen aber die Herausforderung an, indem sie Selbsthilfeorganisationen oder Behindertenverbände kontaktieren.

Auch wir standen oft ratlos vor dem undurchschaubaren Versorgungssystem: Welche Leistungen sind wo und wie zu beantragen, und wofür gibt es überhaupt Unterstützungen? In dem Moment wäre eine Instanz hilfreich gewesen, die uns zur Seite gestanden hätte. Die *Lebenshilfe*, andere Eltern, das Internet und Informationsbroschüren erwiesen sich als hilfreich, sodass wir Mut bekamen, Beratungen einzufordern, nicht locker zu lassen und auf Leistungen und Unterstützung zu bestehen. Obwohl es Zeit und Nerven kostete, haben wir am Ende vieles durchgesetzt.

Eine persönliche Erfahrung

Als unsere Tochter mit 18 Jahren eine vom Arbeitsamt geförderte, aber zeitlich befristete Arbeitsstelle mit Arbeitsassistenz erhielt, wurde uns das Kindergeld gestrichen. »Eine Zahlung von Kindergeld ist bei der Aufnahme einer Erwerbstätigkeit nach § 32 EStG nicht vorgesehen«, lautete der Bescheid der Familienkasse.

Im Internet fanden wir den Gesetzestext, wo es hieß, dass ein Kind nach Vollendung des 18. Lebensjahres auch noch bei der Kindergeldzahlung zu berücksichtigen sei, »wenn es wegen körperlicher, geistiger oder seelischer Behinderung außerstande ist, sich selbst zu unterhalten«. Also schickten wir eine Kopie des Behindertenausweises (70 Prozent Schwerbehinderung) an die Familienkasse. Die Antwort: »Ihre Tochter muss begutachtet werden.« Wir waren damit einverstanden und schlugen als Begutachter unseren Hausarzt vor. Das wurde abgelehnt, stattdessen sollte unsere Tochter durch den »ärztlichen/psychologischen Dienst des Arbeitsamtes« begutachtet werden. Drohend wurde angefügt: Das sei natürlich freiwillig, aber bei Nicht-Klärung würde der Antrag abgelehnt. Also stimmten wir zu, aber unsere Tochter wurde nicht persönlich begutachtet, sondern nach »Aktenlage« beurteilt – mit dem Ergebnis, dass sie in der Lage sei, »eine Beschäftigung unter den üblichen Bedingungen des in Betracht kommenden Arbeitsmarktes auszuüben«. Also strich uns die Familienkasse das Kindergeld, worauf wir erneut Einspruch einlegten. Schließlich fanden wir eine »Dienstanweisung zur Durchführung des Familienleistungsausgleichs«, die eine Kindergeldzahlung ermögliche, da unsere Tochter nicht unter den üblichen Bedingungen des Arbeitsmarktes arbeitete und ihr Einkommen weder den gesetzlichen Lebensbedarf deckte noch das erlaubte jährliche Einkommen von 7 680 € überschritt.

So entwickelten wir mit der Zeit Kampfesmut und Durchhaltevermögen nach dem Motto: Wir lassen uns nicht »unterbuttern«! Anders ausgedrückt: Wir entwickelten Kompetenzen und Fertigkeiten, die zu einem gesteigerten Selbstbewusstsein führten, später auch andere schwierige Situationen zu meistern.

Persönliche Stärke erfahren

- Ich bin bereit, Leistungsansprüche hartnäckig gegenüber Kostenträgern und Institutionen zu vertreten und mich von Schwierigkeiten und Ablehnungsbescheiden nicht beeindrucken zu lassen.
- In Auseinandersetzung mit Kostenträgern und Begutachtungsinstitutionen wage ich es, mich unbeliebt zu machen und mich zu wehren, denn mein Kind ist hilflos und schutzbedürftig und braucht meinen Einsatz.

Kurz & knapp

Versuchen Sie eine vom Amt geförderte Freizeitassistenz oder Familienentlastende Dienste zu organisieren. Menschen mit Behinderung haben zur Teilhabe an sämtlichen Lebensbereichen das Recht auf notwendige Assistenzfinanzierung (bezahlte Helfer). Eine Betreuung einmal wöchentlich kann für Ihr Kind bereichernd und für Sie entlastend sein.

Für die Finanzierung der persönlichen Assistenz gibt es in Deutschland unterschiedliche Kostenträger. Welcher Kostenträger zuständig ist, hängt von der Ursache der Behinderung und von der Art der benötigten Hilfe ab. Es gibt Servicestellen, die Menschen mit Behinderung dabei helfen, den richtigen Kostenträger zu finden oder einen Antrag zu stellen.

Übersicht über Leistungen

Welche Leistungen stehen mir zu? Der Ratgeber für Menschen mit Behinderung, eine kostenlose Broschüre, hilft weiter: *www.bmas.de/ SharedDocs/Downloads/DE/PDF-Publikationen/a712-ratgeber-fuer-behinderte-mens-390.pdf?__blob=publicationFile*

Worum es geht: Zeitmanagement

Zeit wird zu einem knappen Gut, denn Therapien und Fördermaßnahmen sind einzuleiten und durchzuführen und Kontakte zu Fachleuten und möglichen Helfern müssen geknüpft werden. Es bedarf eines gut strukturierten Tages- und Wochenplans, um keine Zeit zu verlieren: Zeit für die Versorgung zuhause, für die Fortführung von Übungen, für die Beaufsichtigung und für Anforderungen des Haushalts, Einkaufen, Essenkochen sowie für die Geschwisterkinder und die Partnerschaft.

Tagesabläufe und die Aufgaben eines jedes Familienmitglieds müssen vielleicht umgestellt und aufeinander abgestimmt werden. Das Leben erhält neue Prioritäten. Wichtig ist, Handlungsfähigkeit wiederzuerlangen und kleine Schritte zu gehen.

Verschaffen Sie sich eine Übersicht, welche Sachen erledigt werden müssen

Viele Aufgaben sind regelmäßig zu erledigen und lassen sich deshalb gut einplanen. Was gibt es täglich, was ist jede Woche zu tun?

Schreiben Sie eine Liste. Wer die Übersicht über seine Aufgaben hat, kann sie gut planen. Mit einer solchen Liste lassen sich Arbeiten besser organisieren. Kreuzen Sie an, was Sie gerne abgeben würden.

Setzen Sie Prioritäten. Stellen Sie Prioritäten auf, so behalten Sie den Überblick. Es ist für viele Mütter und Väter vorteilhaft, schwarz auf weiß zu sehen, was zu erledigen ist. Dabei wird deutlich, dass manche Angelegenheiten sehr wichtig sind, andere hingegen delegiert werden können. Auch leben Sie entspannter, wenn Sie prinzipiell »eins nach dem anderen« erledigen. Wer viele Dinge im Kopf hat, wird hektisch und steigert seinen Stresspegel unnötig.

Planen Sie. Nehmen Sie sich nicht zu viel vor, dann schaffen Sie das meiste, was Sie sich vorgenommen haben.

Kontrollieren Sie anschließend: Überprüfen Sie am Ende des Tages oder nach einer Woche, ob Sie Ihren Plan eingehalten haben. Damit verschaffen Sie sich Erfolgserlebnisse, wenn Sie Erledigtes streichen können.

Belohnen Sie sich. Gönnen Sie sich nach jeder Erledigung eine kleine Belohnung.

Ermutigung von anderen Eltern

In unseren Interviews mit Eltern von Kindern mit Behinderung haben wir folgende Aussagen gehört:

- *Im Laufe der Zeit werden die alltäglichen Belastungen anders eingeschätzt und bewertet. – Was anfangs als Belastung gesehen wurde, wird später als normale Alltagsroutine erfahren.*
- *Erkennen Sie, dass Belastungen zum Leben gehören.*
- *Versuchen Sie, Probleme mit langem Atem und Geduld anzugehen.*
- *Schätzen Sie die Fähigkeiten des Kindes möglichst realistisch ein, ohne jede Idealisierung.*

Gut zu wissen: Einen funktionierenden Alltag gestalten

Einen festen Tagesablauf zu entwickeln, ist ganz wichtig. Denn ein strukturierter Alltag ist ein Gerüst und hilfreich für alle Beteiligten, für das Kind und für die Eltern. Unsere Tochter braucht auch heute noch – im Alter von 30 Jahren – feste Essenszeiten, an denen selbst in den Ferien nicht gerüttelt werden darf. Es ist entlastend, dem Alltag einen möglichst gleichmäßigen Rhythmus zu geben und das tägliche Leben in feste Abläufe zu bringen. In ihrer Verlässlichkeit wirken immer wiederkehrende Abläufe beruhigend, normalisieren das Leben und bieten Schutz vor Überraschungen. Dies ist für Menschen mit Behinderung ganz besonders wichtig, da die Lebensgestaltung ihnen ohnehin viel mehr Kraft und Energie abverlangt, als wir uns vorstellen können.

Gehen Sie darum Ihren Alltag durch, wo es bereits feste Abläufe gibt und wo es sich noch anbietet, feste Abfolgen zu einzurichten. Ein Beispiel für den Abend: *ausziehen – duschen – Abendbrot essen – eine Geschichte lesen – ein Lied singen – einen Gute-Nacht-Kuss geben – die Spieluhr anmachen – Licht ausschalten.*

Ein strukturierter Alltag gelingt mal besser und mal schlechter. Immer wieder gibt es Störungen des Tagesablaufs durch gesundheitliche Krisen des Kindes, Überraschungen oder andere Unwägbarkeiten. Jede Änderung der Tagesstruktur, zum Beispiel durch kurzfristige Verabredungen, erfordert meist eine aufwändige Planung. Spontanität und Flexibilität bleiben eine Zeitlang Ausnahmen, werden aber dafür umso mehr geschätzt.

Persönliche Stärke erfahren

- Ich habe im Alltag einen regelmäßigen und festen Rhythmus gefunden; eine wichtige Voraussetzung für das Wohlergehen unseres Kindes und von uns als Eltern.
- Ich bin fähig, den Haushalt und das Familienleben immer besser an veränderte Bedürfnisse meines Kindes anzupassen.
- Ich kann mit neuen Anforderungen, Fragen und Problemen inzwischen gut umgehen.

Entwicklungspotenzial: Stärken entwickeln

Wenn Sie wieder einmal das Gefühl haben, überfordert und ausgepowert zu sein, erinnern Sie sich an Ihre Stärken und Fähigkeiten: Gesundheitsforscher sprechen von Selbstwirksamkeit. Es ist das Vertrauen, schwierige, neue und unvertraute Situationen erfolgreich zu bewältigen.

Wie können Sie diese Selbstwirksamkeit stärken?

6. KAPITEL

Vier Möglichkeiten, eigene Stärken zu entdecken oder zu entwickeln

1. Gegen das Vergessen unserer Stärken

In schwierigen Zeiten leiden wir an Vergesslichkeit. Wir erinnern uns nicht mehr an unsere Stärken und Kräfte und sehen stattdessen nur noch Probleme und Hindernisse. Dabei haben wir doch in der Vergangenheit immer wieder Situationen erlebt, wo wir über uns hinausgewachsen sind und Stärke gefunden haben. Begegnungen mit Menschen, Zusammenkünfte, ein Lied, Gebete, besondere Orte und Landschaften haben uns gestärkt und Kraft gegeben. Es ist wichtig, sich an diese Kraftquellen zu erinnern.

Erinnern Sie sich an schwierige Situationen, die Sie bereits gemeistert haben. Wie haben Sie das geschafft? Welche Stärken und Tugenden haben Sie dabei gezeigt?

Ganz wichtig ist es, nicht in selbstschädliches Grübeln zu verfallen. Wenn Sie zurückblicken, dann entdecken Sie, dass sie über sich hinausgewachsen sind, dass Sie Kräfte entwickelt haben, von denen Sie bisher nichts gewusst haben. Vertrauen Sie auf Ihre inneren Stärken, die Sie auch hier und heute aktivieren können.

2. Ihre Bedürfnisse sind wichtig

Nehmen Sie sich Zeit für Ihre Bedürfnisse und Gefühle. Hören Sie auf Ihren Körper, Ihre Gefühle und Ihre Intuition. Unternehmen Sie regelmäßig etwas, das Ihnen Spaß macht, Sie ablenkt und entspannt. Bewegen Sie sich! Das stärkt Körper und Geist, hilft dabei, abzuschalten und Spannung abzubauen.

Der Umgang mit schwierigen Situationen erfordert Zeit und Geduld. Nehmen Sie sich diese Zeit, denn verdrängte Probleme können zu unpassender Zeit wieder auftauchen. Planen Sie ganz bewusst Mußezeiten ein.

3. Verfolgen Sie erreichbare Ziele

Statt nur zu reagieren, steuern Sie ein Ziel an, das Ihnen auf den Nägeln brennt und das Sie als wichtig erachten. Es sollte machbar, realistisch und in einem gewissen Zeitrahmen erfüllbar sein. Dies wird Ihnen ein Gefühl von Stärke verleihen. (Näheres hierzu in Kapitel 7.)

4. Achten Sie auf Ihre persönlichen Ressourcen und sorgen Sie für sich selbst

Ihre Fähigkeiten und Ihre Lebensqualität beruhen auf folgenden Grundlagen: Gesundheit, Familie, Freundeskreis, Beruf, Selbstwertgefühl, Freizeitaktivitäten, körperliches Befinden, Natur- und Tierliebe, Kreativität, psychische Befindlichkeit, Religion und weltanschauliche Überzeugungen.

Widmen Sie sich ausgewählten Bereichen, die Ihnen Freude bereiten, wann immer es möglich ist. Halten Sie so oft wie möglich inne, genießen Sie die kleinen Freuden des Alltags: den Kaffeeduft, den Anblick von Blumen, die goldenen Sonnenstrahlen oder das Lächeln Ihres Kindes oder eines Mitmenschen.

Bevor Sie neue Aufgaben angehen oder Termine ausmachen, wägen Sie Aufwand und Nutzen ab. Organisieren Sie Zeit für sich selbst. Sagen Sie auch mal Nein, wenn andere zusätzliche Forderungen an Sie stellen.

Sie fühlen sich vielleicht mit den verschiedenen Möglichkeiten, Stärken zu entdecken oder zu entwickeln, überfordert? Das alles soll ich leisten, fragen Sie sich jetzt? Nein, es geht nicht um Leistung, sondern darum, mögliche Entwicklungspotenziale aufzuspüren. Welche Ressourcen besitze ich eigentlich? Deshalb wollen wir nun einzelne Lebensbereiche wie Gesundheit, Familie, Freundschaft, Partnerschaft, Beruf, Freizeit, Glaube und Religion bzw. Spiritualität betrachten.

6. KAPITEL

Einfach mal nachgefragt:

- *Was sind die Stärken Ihrer Familie?*
- *Was haben Sie schon alles geleistet und gut hinbekommen?*
- *Worauf kann Ihre Familie stolz sein?*

Von der Herausforderung zum persönlichen Gewinn: Von anderen lernen

Statt ständig an Belastungen und Schwierigkeiten zu denken, lassen Sie sich von Biografien anregen, also von Menschen, die ein besonderes Kind haben und mit dieser Herausforderung leben. Wie gestalten sie den Alltag? Welche Eigenschaften haben sie entwickelt? Was davon macht mir Mut? Wie gehen andere mit Schwierigkeiten um? Was kann ich von ihnen lernen?

Hier einige **Empfehlungen von Büchern und Blogs**, die das alltägliche Leben und das Hineinwachsen in neue Aufgaben beschreiben. Die Autoren erzählen aus dem Alltag und machen Mut, schwierige Situationen anzupacken und zu bewältigen:

Doro May, *Meine besondere Tochter – Liebe zu einem Kind mit Behinderung.* St. Ulrich Verlag, Augsburg 2010

Doro Mays Tochter hat das Down-Snydrom und ist Autistin. Die Autorin erzählt, wie ihre Tochter das Familienleben verändert, sie an den Rand der Erschöpfung bringt und dennoch ein liebenswertes Kind ist. Es wird keine Therapie und Förderung ausgelassen und der Kampf gegen Bürokratie und Vorurteile aufgenommen, sodass die Tochter sich im Rahmen ihrer Möglichkeiten zu einer selbstständigen Erwachsenen entwickelt.

Doro May, *Das Leben ist schön, von einfach war nicht die Rede – Meine besondere Tochter ist erwachsen.* Neufeld Verlag, Schwarzenfeld 2016

Die Fortsetzung, wie es mit Doro Mays Tochter weiterging; über Sexualität, stressige Arzttermine, Werkstätten für Menschen mit Behinderung, Reittherapie und das Leben im Wohnheim.

Gabriele Noack, *Mein Glück kennt nicht nur helle Tage – Wie mein behindertes Kind mir beibrachte, die Welt mit anderen Augen zu sehen.* Bastei Lübbe, Köln 2016
Julius' Mutter fühlt sich der Mehrfachbehinderung ihres Sohnes nicht gewachsen; Scham und Schuldgefühle rauben ihr die Kraft. Gleichzeitig spürt sie eine tiefe Liebe und eine besondere Verbindung zu ihrem Sohn. Langsam lebt sie sich in den neuen Alltag ein und entwickelt einen völlig anderen Blick auf die Welt.

Mareice Kaiser, *Alles inklusive – Aus dem Leben mit meiner behinderten Tochter.* S. Fischer Verlag, Frankfurt 2016
Die Mutter einer mehrfach behinderten Tochter erzählt von der Unplanbarkeit des Lebens, vom Alltag zwischen Krankenhaus und Kita, von ungewollten Rechtfertigungen, dummen Sprüchen, stereotypen Rollenverteilungen, bürokratischem Irrsinn und schwierigen Gewissensfragen.

Elena Pirin, *Mein Löwenkind – Vom Abenteuer, ein Kind mit Handicap großzuziehen.* Patmos Verlag, Ostfildern 2016
Wunschkind Leo ist entwicklungsverzögert und zeigt Defizite in Koordination und Wahrnehmung. Zudem hängt er im Lernen weit hinterher. Mit Humor und Ernst beschreibt Pirin, wie sie ihren Sohn in seiner Andersartigkeit annimmt und ihm hilft, sich selbst anzunehmen.

Blogs: *Kirstenmalzwei.blogspot.de; www.amelie-wundertuete.de; www.notjustdown.com*

6. KAPITEL

Gut zu wissen: Körperliches Wohlbefinden ist wichtig

Manchmal werden Sie das Gefühl haben, dass Ihnen Ihr Kind – das Sie fördern und versorgen – viel Energie und Kraft nimmt. Im Hintergrund kommt dazu dann womöglich immer wieder auch noch der Gedanke auf (und setzt sich fest): »Es ist zu wenig und reicht nicht! Ich müsste mehr tun, um meinem Kind gerecht zu werden.«

Unter Eltern oder Angehörigen von eingeschränkten oder chronisch kranken Kindern ist die Rate von Burn-out-Erkrankungen, psychosomatischen Beschwerden und Alkohol- und Medikamentenmissbrauch hoch. Um den alltäglichen Anforderungen gewachsen zu sein, sind Ihre Gesundheit und Ihr körperliches Wohlbefinden aber elementar wichtig. Wenn es Ihnen schlecht geht, hat das Auswirkungen auf Ihr Kind. Es besteht eine Wechselwirkung zwischen Ihrer Gesundheit und dem Wohlergehen des Kindes oder Angehörigen.

Einfach mal nachgefragt:

- *Welche Personen sind Vorbilder in der eigenen Familie für den Umgang mit Gesundheit?*

Persönliche Stärke erfahren

- Ich habe nach Zeiten der Verzweiflung meine Handlungsfähigkeit wiedererlangt.
- Ich habe bereits viele schwierige Situationen in meinem Leben gemeistert.
- Ich kann auch einmal Schwächen zeigen, vor anderen und vor mir selbst.

Entwicklungspotenzial: Gesundheit

Fragen, die Sie sich gelegentlich stellen sollten:

- *Wie geht es Ihnen körperlich und psychisch?*
- *Finden Sie genügend Schlaf?*
- *Welcher körperliche Ausgleich tut Ihnen gut (Pilates, Gymnastik, Yoga, Tanz, Walking, Spazierengehen, Schwimmen usw.)?*
- *Achten Sie auf gesunde Ernährung?*
- *Haben Sie Zeiten für sich selbst, zur Entspannung und Ruhe?*
- *Welche Rolle spielt Sexualität und Zärtlichkeit in Ihrem Leben?*
- *Nach welchen Aktivitäten fühlen Sie sich körperlich und seelisch besonders gut?*

Denken Sie in Ruhe über die einzelnen Fragen nach und notieren Sie sich Ihre Antworten stichpunktartig. Achten Sie auf Ihre körperlichen und seelischen Bedürfnisse, verändern Sie Ihr Verhalten und intensivieren Sie Aktivitäten, die Ihnen gut tun und frische Kraft verleihen.

Persönliche Stärke erfahren

- Ich bin es wert, dass ich auch auf meine Gesundheit achte.

Von der Herausforderung zum persönlichen Gewinn: Neue Wertvorstellungen und Fähigkeiten

Gibt es eigentlich auch positive Auswirkungen durch das Leben mit Behinderung? Zahlreiche wissenschaftliche Untersuchungen kommen zu dem Ergebnis: Eltern erfahren durch die Geburt eines besonderen

Kindes einen Wendepunkt in ihrer persönlichen Entwicklung. Bei allen Eltern findet sich eine grundlegende Veränderung der Einstellung zum Leben. Ob Mutter oder Vater: alle gaben an, dass sie neue Wertvorstellungen für ihr ganzes Leben gewonnen haben.

Solche Aussagen machen Mut! Wie gelingt es Eltern also, dass vor allem positive Erfahrungen das familiäre Leben prägen und Belastungen in den Hintergrund treten? Es gibt zahlreiche aufbauende, alltägliche Erlebnisse im familiären Leben mit und trotz der Behinderung eines Kindes. Oftmals müssen wir nur eine andere Sichtweise einnehmen und uns der Stärken unserer besonderen Kinder bewusst werden.

Um Ihren Alltag in den Griff zu bekommen, haben Sie bereits zahlreiche neue Fähigkeiten und Erkenntnisse gewonnen, ohne es sofort zu bemerken. In der Forschung wird darauf verwiesen, dass Familien von Kindern mit Beeinträchtigungen oder chronischen Krankheiten Ausdauer, Energie und Vertrauen in ihre Fähigkeiten entwickeln, um Lebenskrisen und Belastungen zu bewältigen. Die Bereitschaft, sich aktiv mit den Anforderungen und schwierigen Lebensereignissen auseinanderzusetzen, steigt. Diese Erfahrungen werden dann als Gewinn für die eigene Persönlichkeit erlebt.

Viele Familien entwickeln eine Vielzahl von hilfreichen Ressourcen für das gemeinsame Leben mit ihrem Kind. Das können wir auch aus eigener Erfahrung bestätigen. Spricht man mit Familien mit besonderen Kindern, hört man oft, wie sie durch die Anforderungen des Alltags über sich hinausgewachsen sind. Im Rückblick entdecken sie zum Beispiel, dass sie ein größeres Zusammengehörigkeitsgefühl entwickelt haben, mit Konflikten besser umgehen können und die Wertigkeiten des Lebens sich verändert haben. Sie können sich verstärkt über kleine Dinge freuen, bewerten den Stellenwert von Leistung neu und wissen und erleben, dass Krankheit und Behinderung zum Leben gehören.

Natürlich sind Eltern auch Erzieher und Lehrer für ihr Kind. Aber wechseln Sie doch einmal die Blickrichtung und lassen Sie das besondere

Kind Ihr Lehrer sein. Sie lernen so zum Beispiel, die Hektik herauszunehmen, das Leben neu zu entdecken und Dankbarkeit zu entwickeln für das Gute im Leben. Ihnen wird dann bewusst, dass Ihr Kind das verkörpert, was unser Menschsein kostbar macht – wie zum Beispiel Liebe, Vertrauen oder Lebensfreude. Viele Menschen mit Down-Syndrom haben zum Beispiel die besondere Fähigkeit, Gefühle wahrzunehmen und unmittelbar auszudrücken, sie denken geradeaus und direkt oder sind der Ruhepol der Familie. Wenn Sie achtsam auf diese Begabungen sind, können Sie selbst von diesen Haltungen und Stärken Ihres Kindes mit Beeinträchtigungen profitieren.

Statt immer wieder darüber zu grübeln, was Ihr derzeitiges Leben beschwert, laden wir Sie ein, über die Fähigkeiten und Begabungen in Ihrem Leben nachzudenken, die Sie in letzter Zeit entwickelt haben. Denken Sie an das schöne indische Sprichwort: »Am Ende wird alles gut. Und wenn es noch nicht gut ist, ist es noch nicht das Ende.« Das sind gute Voraussetzungen, Zuversicht, ein positives Selbstwertgefühl und Selbstsicherheit zu entfalten und zu bewahren.

Entwicklungspotenzial: Wo liegen Ihre Stärken?

Welche positiven Erlebnisse und Erfahrungen können Eltern eines beeinträchtigten oder chronisch kranken Kindes machen? Notieren Sie sich fünf Aktivitäten oder Fähigkeiten, bei denen sich Ihre Stärken und Begabungen zeigen:

....

....

....

6. KAPITEL

....

....

> **Persönliche Stärke erfahren**
>
> - Ich sehe die positiven Seiten des Kindes, wie zum Beispiel seinen Entwicklungsstand, seinen Charme, seine Lebensfreude ...
> - Ich akzeptiere das Kind, wie es ist, und nehme die verschiedenen Seiten seiner Persönlichkeit wahr.
> - Mein Kind ist Quelle von Freude und Glück – so, wie es ist.
> - Ich besitze die Fähigkeit, mit dem Kind zu kommunizieren und seine Ausdrucksfähigkeit zu fördern.
> - Ich weiß Momente des Glücks besonders zu schätzen.

Gut zu wissen: Warum Eltern sich sozial besonders engagieren

Bemerkenswert ist, dass Eltern von besonderen Kindern häufig großes Engagement im sozialen Bereich an den Tag legen, sei es im Kindergarten (Kuchenbacken etc.) oder in der Schule (Elternvertreter oder andere Ämter). Als ob sie sich dafür entschuldigen wollen, dass ihr Kind nicht so »funktioniert«, wie es die Gesellschaft erwartet.

Auch uns ging es anfangs ähnlich, bis wir das Prinzip dahinter durchschauten: nämlich die Erwartung von außen, dass Kinder möglichst stromlinienförmig zu funktionieren haben. Die Tatsache, dass nicht nur andere Kulturen, sondern auch andere Entwicklungsmöglichkeiten eine Bereicherung sein können, war lange Zeit nur graue Theorie. In dem Augenblick, wo wir als Eltern, Erzieher oder Lehrer begreifen, dass die

Andersartigkeit unserer Kinder eine Herausforderung, ein Ansporn und eine Bereicherung für unsere Gesellschaft darstellen kann, sehen wir sie aus einer anderen Perspektive und somit als eigenständige, wertvolle und bereichernde Individuen.

Nur wenige Eltern geben ihr behindertes Kind unter 18 Jahren in ein Heim, so lange es nicht unumgänglich erscheint. Das Kind schenkt seine Liebe und sein Vertrauen bedingungslos, häufig sind die Eltern wiederum alles für das Kind.

Ermutigung von anderen Eltern: Das hilft im Alltag

In der *Lebenshilfe-Zeitung*[9] berichteten Eltern über ihren Alltag, ihren Umgang mit schwierigen Situationen und darüber, wie sie versuchen, immer wieder Kraft zu tanken. Einige praxistaugliche Tipps und wertvolle Anregungen möchten wir hier weitergeben:

Das A & O: Aus der Situation herausgehen

»Manchmal bin ich so an meinen Grenzen vor Verzweiflung, Eile, Wut und Peinlichkeit in der Öffentlichkeit, aber auch daheim, dass mir eine Sicherung herausspringen will, was auch schon passiert ist und mich hinterher tagelang mitgenommen hat.

Dann hilft nur Weggehen und Atmen und dabei zu entscheiden, ob Aufträge wie Duschen, Kämmen oder der anstehende Einkauf wirklich gerade nötig sind.

Als sehr emotionaler Mensch übe ich immer noch, mal Fünfe gerade und meinen persönlichen Hang zum Perfektionismus sein zu lassen. Auch kann ich mich bis heute nicht davon frei machen, Angst zu haben, was ›die Leute von uns denken‹.

Aber: Vieles klappt, wenn man nicht insistiert, 30 Minuten später mit unserem Teenager wie von selbst!«

6. KAPITEL

Struktur und Sicherheit im Alltag

»Tage, die nicht durchgeplant sind, sind schwer für uns alle. Deshalb erkläre ich immer sehr genau, was wie abläuft, sodass wir beispielsweise einen fremden Arzt vor dem Besuch schon mal googeln, das Foto des Arztes ausdrucken und Bilder der Praxis über Streetview angucken.«

Schwieriges Verhalten ignorieren

»Ich habe häufig ein Buch bei mir. Auch wenn an Lesen nicht zu denken ist, tue ich so, als ob mich der gerade stattfindende Wutausbruch nicht interessiert und es nichts Spannenderes gäbe, als fünf Seiten im Buch vorwärtszukommen. Den manchmal scharenweise stehenbleibenden Passanten ist das Urteil ›Rabenmutter‹ dabei deutlich von den Augen abzulesen. Da hilft nur stark zu sein, zu beten, dass die Tochter sich nicht vor ein Auto stürzt, und durchzuhalten, bis das Kind sich entscheidet, die Kurve zu kriegen.«

Gute Tage feiern und bewusst zur Kenntnis nehmen

»Im Zweifel auch einmal eine Strichliste führen, um vor Augen zu haben, wann und ob es wirklich nicht gut läuft: Nach einer schwierigen Phase kommen immer gute Zeiten!«

Hilfe von außen suchen

»Mit Opi gelingt das zuvor dreimal abgebrochene EEG plötzlich, zur fünften neuen Zahnarztpraxis darf sie ihre eigenen DVDs mitbringen und öffnet beim Schauen von *Bibi Blocksberg* erstmalig den Mund! Auch hilfreich: Inklusive Sportangebote ausprobieren, Freizeitangebote, zum Beispiel der *Lebenshilfe*, wahr- und Familienentlastende Dienste (FED) in Anspruch nehmen. Phasenweise habe ich mich gesorgt, dass ich mein Kind ›abschiebe‹, mir aber irgendwann eingestanden, dass unser Kind auch als Erwachsene immer Unterstützung brauchen wird und gerade aufgrund unserer engen Bindung vieles mit Außenstehenden besser gelingt.«

Gutes Verhalten belohnen

»Derzeit kaufe ich für Cent-Beträge massenhaft CDs und DVDs im Online-Antiquariat, weil unsere Tochter Musik liebt. Für Dinge wie nächtliche Toilettenstuhlbenutzung sammelt sie 5–10 Muggelsteine, um die begehrte CD zu bekommen; ein erfolgreicher Arztbesuch wird sofort belohnt.«

Kraft tanken

»Für mich persönlich ist das: Viel schlafen, wann immer es geht! Ein (oder auch zwei) Glas Rotwein und ein paar leckere Tapas mit dem Partner oder Freunden helfen, einem völlig misslungenen Tag eine schöne Wendung zu geben. Auch sich gelegentlich mit anderen Familien mit Kindern austauschen und hinterher darüber zu lachen, wie unsere ›bekloppten‹ Kinder wieder reagiert haben.

Also schlichtweg: Den persönlichen ›Glücklichmacher‹ suchen, um die Sorgen um das behinderte Kind zeitweilig auszuschalten!«

Mehr Informationen

Die Broschüre **Leben im Gleichgewicht** der DAK informiert über den Umgang mit Stress: *www.dak.de/dak/download/broschuere-leben-im-gleichgewicht-stress-erfolgreich-bewaeltigen-1076232.pdf*

Der **Familienratgeber** der Aktion Mensch ist ein umfassender Online-Wegweiser für von Behinderung betroffene Familien mit Informationen, wichtigen Themen, Rat und Adressen: *www.familienratgeber.de*

Adressen von **Beratungsstellen**: *www.familienratgeber.de/beratungsstellen-adressen.php*

6. KAPITEL

Der Bundesverband für körper- und mehrfachbehinderte Menschen (BVKM) bietet zahlreiche **Rechtsratgeber** zum Herunterladen oder in gedruckter Form: *www.bvkm.de*

Katja Kruse, *Mein Kind ist behindert – Diese Hilfen gibt es*, als pdf-Datei: *http://bvkm.de/wp-content/uploads/2016_Mein-Kind-ist-behindert-diese-Hilfen-gibt-es.pdf*

Diese Internetplattform für Eltern informiert über **rechtliche Fragen** zum Thema Behinderung: *www.intakt.info/informationen-und-recht*

Ein Text für stille Momente

Till Eulenspiegel wanderte eines Tages mit seinen Habseligkeiten zur nächsten Stadt. Auf einmal hörte er, wie sich eine Kutsche schnell näherte und neben ihm anhielt. Der Kutscher, der es sehr eilig hatte, rief: »Sag schnell – wie weit ist es bis zur nächsten Stadt?« Till Eulenspiegel antwortete: »Wenn Ihr langsam fahrt, dauert es eine halbe Stunde. Fahrt Ihr aber schnell, braucht es zwei Stunden, werter Herr.« »Du Narr«, entgegnete der Kutscher und trieb die Pferde an.

Till Eulenspiegel selbst wanderte langsam auf der Straße, die viele Schlaglöcher hatte. Nach etwa einer Stunde sah er die Kutsche mit gebrochener Achse im Graben liegen, während der Kutscher von vorhin sich fluchend an die Reparatur machte.

Der Kutscher bedachte Eulenspiegel mit bösen und vorwurfsvollen Worten und Blicken, worauf dieser nur sagte: »Ich sagte es doch: Wenn Ihr langsam fahrt, eine halbe Stunde ...«

7.
»AUF DIE LEBENSEINSTELLUNG KOMMT ES AN«
Werte, Einstellungen und Spiritualität

»Nicht behindert zu sein, ist wahrlich kein Verdienst, sondern ein Geschenk, das jedem von uns jederzeit genommen werden kann.«
Richard von Weizsäcker

In diesem Kapitel erfahren Sie:

- warum Werte, Einstellungen und Spiritualität so wichtig sind
- wie Worte und Handlungen uns stärken können
- dass positives Denken allein nicht hilft
- wie Sie Ihre Ziele erreichen können
- was die Glücksforschung Spannendes herausgefunden hat

Eltern berichten

I. Nach einer kurzen Zeit der Lähmung haben wir beschlossen, aktiv zu werden. Was hatten wir zu verlieren? Wir empfehlen jedem, nicht passiv zu sein, sondern sich schlau zu machen und sich zu erkundigen nach Möglichkeiten, was man mit einem besonderen Kind alles machen kann – eben anders. Nicht in Trübsal verfallen und jammern: Was soll nun werden? Also nicht alles mit sich machen lassen, sondern zum Arzt gehen und sagen: Welche Möglichkeiten gibt es? Das wollen wir, und das wollen wir nicht.

Claudia, 41 Jahre

II. Lange Zeit konnte ich mit Religion nicht viel anfangen. Aber seit der Geburt unserer besonderen Tochter hat sich das gewandelt. Ich gehe wieder gerne in die Heilige Messe, genieße die Kirchenlieder und das »Drumherum«. Da komme ich zur Ruhe. Wenn Carla sehr unruhig ist, singe ich die einfachen Taizélieder, was sie und mich beruhigt. Mit Gott bin ich nicht mehr allein. Er hilft mir, auch schwierige Situationen zu tragen. In der Gemeinde habe ich Freunde gefunden, dort muss ich mich niemandem erklären oder mich für etwas entschuldigen. Der Glaube gibt mir Kraft und Mut.

Jutta, 38 Jahre

III. Wenn ich zurückblicke, hat es uns geholfen, dass wir positiv eingestellt waren und geglaubt haben, dass unser Sohn durch uns und die Therapeuten im Laufe der Zeit Fortschritte machen wird. So ist es gekommen, wenn auch die Fortschritte manchmal gering waren, aber es waren immerhin kleine Fortschritte und Verbesserungen für ihn und uns. Wir konnten unseren Sohn auch annehmen, wie er ist, und haben aufgehört, ihn mit seiner Schwester ohne Behinderung zu vergleichen.

Andrea und Kevin, 40 und 46 Jahre

Worum es geht: Einstellungen

Nachdem die Diagnose gestellt wurde, ist es normal, dass Eltern betroffen oder traurig sind. Die Geburt eines anderen Kindes als des erwünschten führt zu sehr ambivalenten Gefühlen wie Liebe und Hoffnung, aber auch zu Enttäuschung, Wut und Ablehnung. Trauer entsteht durch den »Verlust« des Wunschkindes und den Abschied von erhofften Zukunftsperspektiven. Dieser Trauerprozess wird immer wieder einmal durchlebt und kann aktiv bewältigt werden zum Beispiel durch ein Ausbalancieren der Bedürfnisse des Kindes und der eigenen Wünsche. Wie bereits beschrieben, bieten sich zum Beispiel folgende Möglichkeiten an: Die kleinen und großen Glücksmomente bewusster und intensiver zu genießen, Vergleiche mit anderen Kindern völlig abzulegen und das besondere Kind immer wieder mit Staunen, Liebe und Bewunderung in seiner Einzigartigkeit zu betrachten.

Gut zu wissen: Spiritualität

Eltern machen durch die Geburt eines beeinträchtigten oder chronisch kranken Kindes fast immer einschneidende und die Existenz berührende Erfahrungen. Untersuchungen zeigen, dass religiöse oder spirituelle Menschen mit schweren Lebenskrisen besser zurechtkommen. Die Einstellung zum Glauben verändert sich in einschneidenden Situationen. Eltern, denen der Glaube wichtig ist, vertiefen ihn und finden dort Halt. Wer Gewissheit hat, vom Glauben getragen zu sein, wer glaubt, entdeckt eher einen Sinn hinter seinem Schicksal. Er entwickelt den Mut, sein Leben in die Hand zu nehmen. Gebet, Meditation und religiöse Rituale verleihen Stärke und Trost. Auch Kunst, Literatur und Musik können in schwierigen Situationen stärken und sinnstiftend wirken. Forschungen haben festgestellt: Wer glaubt, verfügt über mehr Bewältigungsstrategien und besitzt eine höhere Lebenszufriedenheit.

Die folgenden Fragen können Sie im Hinblick auf Ihre spirituelle oder religiöse Entwicklung inspirieren.

Entwicklungspotenzial: Spiritualität

- *Woran glauben Sie?*

- *Welche spirituelle Werte sind für Sie wichtig (Glaube an Gott, Gebet, Liebe, Achtsamkeit, Dankbarkeit, Fürsorge, Einfühlungsvermögen, Mitgefühl, Demut)?*
- *Gibt es geistliche Vorbilder, die Sie beeinflusst haben?*
- *Welche spirituelle Praxis tut Ihnen gut und wie könnten Sie sie vertiefen?*
- *Gibt es Bücher oder Musik, die für Sie sinnstiftend sind?*
- *Welche Orte, Stätten oder Landschaften geben Ihnen Kraft?*

Denken Sie in Ruhe über die einzelnen Fragen nach und notieren Sie Ihre Antworten stichpunktartig. Sie erhalten so eine Übersicht über Ihre spirituellen Werte und geistig-geistlichen Haltungen, die Sie aktivieren können oder die Ihnen bisher nicht bewusst waren.

Für uns gibt seit Jahren zwei Orte, an denen wir Frieden und einen anderen Blick auf die Probleme des Alltags finden: Ein Kloster in der Provence und eines in Burgund. Als unsere besondere Tochter zwei Jahre alt war, fuhren wir zum ersten Mal mit ihr nach Burgund zu den Benediktinerinnen. Die Schwestern begegneten uns mit Liebe und Verständnis, Einfühlungsvermögen und Geduld, vor allem aber Akzeptanz.

Gut zu wissen

Vor allem am Anfang des gemeinsamen Lebens mit ihrem Kind sind Eltern verwundbar und unsicher. Auf einer Reise mit unserer Tochter trafen wir auf eine selbsternannte Expertin, die uns bei Tisch häufig beobachtete. Nach einigen Tagen überfiel sie uns mit den Worten: »Ich kenne mich mit solchen Kindern aus, Ihre Tochter muss in die Sonderschule.« Liebe Experten: So bitte nicht!

Eltern besonderer Kinder brauchen Rat und Unterstützung – aber niemals von oben herab, sondern auf Augenhöhe. Vor allem brauchen sie eine Wertschätzung ihres Kindes, so wie es ist – mit seinen Einschränkungen, seien sie geistig oder körperlich. Sie benötigen den heilsamen zweiten Blick auf ihr Kind, denn dieser fördert den ungeschliffenen Diamanten zutage. Unsere Tochter beispielsweise zeichnete sich früh durch große Sensibilität und Hilfsbereitschaft ihren Mitmenschen gegenüber aus.

Von der Herausforderung zum persönlichen Gewinn: Stärkende Worte und Handlungen

Stärkende Worte

Oft begegnet man stärkenden Worten ganz »zufällig« bei Begegnungen, Gesprächen oder bei einer Lektüre. Bei einer Predigt hat uns folgender Satz getroffen, den wir dann als unseren Trauspruch übernommen haben:»In Gottes unendlicher Liebe wunderbar geborgen, vor aller Leistung, trotz aller Schuld.« Er steht bis heute über unserer Ehe und Familie. Hier weitere Beispiele:

- *Ich vertraue auf die göttliche Weisheit und Führung, die mich trägt.*
- *Ich glaube daran, dass ich getragen werde, wenn ich selbst nicht mehr weiter weiß.*
- *Gott liebt mich und sorgt für mich.*
- *Ich vertraue darauf, dass ein Schutzengel mich begleitet.*
- *Ich gehe den mir zugedachten Weg in Liebe und Vertrauen.*
- *Ich werde weitergehen, auch wenn ich augenblicklich den größeren Zusammenhang nicht erkenne.*

Welche helfenden Worte kennen Sie?

Stärkende Handlungen

In jeder Glaubensrichtung gibt es stärkende Rituale. Suchen Sie die Rituale, die Ihnen Kraft und Zuversicht schenken.

- *Atmen Sie bewusst ein und dann wieder aus: Nehmen Sie beim Einatmen Lebensenergie auf und lassen Sie beim Ausatmen Negatives entweichen.*
- *Sprechen Sie das alte Jesus-Gebet: »Herr Jesus Christus – erbarme dich meiner.«*
- *Yoga-Übungen oder Meditation können helfen.*
- *Segnen Sie sich und Ihre Familie durch das Kreuzzeichen, Handauflegen oder mit Weihwasser.*
- *Singen Sie geistliche Lieder wie zum Beispiel »Von guten Mächten wunderbar geborgen...« oder die meditativen Taizélieder.*
- *Denken Sie an Gottes Gegenwart und reden Sie mit ihm. Das ist eine altbewährte jüdische und christliche Kraftquelle aus der Bibel.*
- *Musik, Dichtung und Kunst können gesundheitsfördernd und sinnstiftend sein: sei es, dass Sie aktiv musizieren und singen oder sich der Musik hingeben, Bücher lesen, selbst Gedichte oder Tagebuch schreiben oder malen.*

Gut zu wissen: Verhalten in der Öffentlichkeit

Sie kennen sicher das unangenehme Gefühl, wenn sich Ihr Kind in der Öffentlichkeit auffällig verhält und die Mitmenschen verstummen oder erstaunt aufblicken? Sie haben Herzklopfen und Schweißausbrüche, da das Verhalten Ihres Kindes jeden Rahmen sprengt? Solche Situationen sind oft eine große Belastung für die Eltern – vor allem, weil sie denken, dass »die Leute« denken könnten, ihr Kind sei schlecht erzogen. Für Familien eines beeinträchtigten oder chronisch kranken Kindes ist es wichtig, zu akzeptieren, was jenseits der eigenen Kontrolle liegt, und sich auf das zu konzentrieren, was man beeinflussen kann.

Einfallsreich reagierten Eltern eines autistischen Kindes, dessen ungewöhnliches Verhalten die Umwelt regelmäßig irritierte. Sie ließen ein T-Shirt mit dem Spruch bedrucken: »Sorry, ich ticke anders; ich bin Autist.« Sobald unterwegs Getuschel entstand, zogen sie ihrem Kind das T-Shirt über.

Besondere Kinder sind manchmal urkomische Meister des Slapsticks, wenn sie in Situationen völlig unerwartet handeln. Da werden einer älteren Dame beim Einkaufen mehrere Päckchen Kondome mit dem Kommentar: »Probier mal!« in den Korb geworfen, im Restaurant wird blitzschnell ein Schnitzel vom Nachbartisch stibitzt, um es dem daliegenden Hund hinzuhalten. Hoffentlich können Sie über solche und ähnliche absurden Situationen (wenigstens im Nachhinein) herzlich lachen: Humor entkrampft, wirkt stressmildernd und erinnert ein wenig an die »versteckte Kamera«.

Wenn es Ihnen also gelingt, in einer Konfliktsituation einen Schritt zurückzutreten und die Situation von außen und mit Abstand zu betrachten, dann können Sie manche außergewöhnliche Begebenheit leichter annehmen. Wenn Sie über komische Alltagssituationen lachen können, wird Ihr Leben leichter.

Uns ist aufgefallen, dass viele Kinder mit Down-Syndrom eine Grundfröhlichkeit ausstrahlen – das sollten Eltern immer wieder im Blick haben, weil es zur eigenen Lebensfreude beiträgt.

Persönliche Stärke erfahren

- Ich habe »meine« Worte, Rituale und Handlungen gefunden, die mich im Alltag aufrichten und stärken.
- Ich halte das Anderssein meines Kindes und schwierige Situation in der Öffentlichkeit gelassen aus.
- Urkomischen Situationen begegne ich mit Humor.
- Ich entdecke die Lebensfreude meines Kindes und lasse mein Leben davon anstecken.

Worum es geht: Negative Gedankenmuster überwinden

Glaubenssätze sind Überzeugungen oder Grundsätze, die wir aufgrund von Erlebnissen vertreten oder die wir von anderen Menschen, zum Beispiel von unseren Eltern, übernommen haben. Sie prägen unser Denken, Fühlen und Handeln und können unterstützend und aufbauend – oder entmutigend und abwertend sein. Diese Glaubenssätze sind oft Verallgemeinerungen, die Menschen Halt und Sicherheit geben. Neben positiven Glaubenssätzen gibt es blockierende, negative Überzeugungen, die uns den Mut nehmen, die Dinge zu tun, die wir zu tun hätten. Es ist diese Stimme im Inneren, die uns meist einredet, etwas nicht zu können, oder die uns klein macht.

Entwicklungspotenzial: Sie können Ihr Denken verändern

Welche Sätze haben Sie von klein auf immer wieder gehört? Waren es eher fördernde, aufbauende Sätze wie:

- *Du schaffst das schon!*
- *Ich glaube an dich!*
- *Du bist liebenswert!*
- *Nur Mut, es wird schon klappen!*
- *Probiere es einfach aus!*

Oder waren es eher negative, abwertende Sätze wie:

- *Aus dir wird eh nichts!*
- *Bist du dir sicher?*
- *Ob du das wohl schaffst?*
- *Geht ja doch nicht!*
- *Lass mal besser – das kannst du ja doch nicht!*
- *Wie du dich wieder anstellst!*
- *Dazu bist du einfach unfähig!*

7. KAPITEL

Sie können negative Denkmuster erkennen und den inneren Überzeugungen auf die Schliche kommen, indem Sie die negativen Glaubenssätze, die bisher Ihr Leben geprägt haben, aufschreiben. (Uns hat zum Beispiel der Satz: »Ob du das wohl schaffst?« von den Eltern das Leben oft schwer gemacht.)

....

....

....

....

....

Von der Herausforderung zum persönlichen Gewinn: Blockierende Glaubenssätze auflösen

Versuchen Sie, blockierende Glaubenssätze und innere Saboteure aufzulösen und nach Alternativen Ausschau zu halten. Ersetzen Sie belastende Sätze durch andere, die Sie positiv ermutigen: Wählen Sie aus, wie Sie stattdessen über eine Sache denken oder sich in einer Situation verhalten wollen. Ersetzen Sie ein Denkmuster, das Sie nicht mehr beibehalten wollen, durch ein neues, besseres.

Da unser Gehirn notorisch bequem ist, sind Rückfälle in die negativen früheren Verhältnisse wahrscheinlich. Daher sollten Sie trainieren, diese neuen Denkmuster geduldig einüben. Achten Sie auf Ihre Selbstgespräche. Sprechen Sie sich selbst Mut zu. Seien Sie »gut zu sich« in ihren Gedanken und Handlungen.

Beispiele für positive Gedanken:

- *Ich nehme meine Welt an, so wie sie ist.*
- *Ich habe Mut.*
- *Ich erhalte jeden Tag neue Möglichkeiten.*
- *Mir wurden Begabung, Kreativität, Freunde, Familie und eine Menge Kraft gegeben, weil ich all dies für mein Leben brauche.*
- *Ich bin ein Segen für die Welt.*
- *Ich lasse die Vergangenheit los.*
- *Ich beschließe, mich zu lieben und Freude zu genießen.*

Handeln Sie so, wie Sie sein wollen, statt es sich nur zu wünschen. Das Gesetz des Handelns hat seine eigene Dynamik.

Persönliche Stärke erfahren

- Ich beschäftige mich immer weniger mit negativen Gedanken.
- Ich hege keine unerfüllbaren Erwartungen, doch weigere ich mich, zu resignieren.

Gut zu wissen: Reicht positives Denken?

Natürlich reicht es nicht allein, negative Denkmuster aufzulösen und durch positive Glaubenssätze zu ersetzen und sich auf die eigenen Stärken zu besinnen. Aber das kann ein erster Schritt sein.

Positives Denken allein führt – anders, als uns viele Ratgeber glauben machen wollen – in schwierigen Situationen nicht automatisch zum Erfolg oder zu guten Ergebnissen. Positives Denken alleine reicht nicht aus, um bestimmte Lebenssituationen zu bewältigen. Dem positiven Zukunftsdenken müssen auch entsprechende Handlungen folgen.

7. KAPITEL

Psychologen haben herausgefunden, dass Menschen, die sich eine positive Zukunft ausmalen, unbewusst denken, sie hätten ihr Ziel schon erreicht. Während sie sich die Wunscherfüllung vorstellen, entspannen sie sich und genießen das Gefühl der Zufriedenheit. Die Bereitschaft, aktiv zu werden, sinkt dadurch allerdings.

Es ist wichtig, sich die Erfüllung seines Anliegens vorzustellen. Anschließend ist es jedoch ebenso notwendig, die Hindernisse, die dem entgegenstehen, bewusst anzugehen und aktiv zu werden.

Kurz & knapp

Fragen Sie sich:

- Was steht mir im Weg, mein Anliegen wirklich umzusetzen?
- Was hält mich auf?
- Welches innere oder äußere Hindernis hemmt mich?

Indem Sie das Hindernis entdecken und benennen, entwickeln Sie die nötige Energie, die Sache anzupacken und einen konkreten Plan zu verfolgen.

Von der Herausforderung zum persönlichen Gewinn: Ziele erreichen

Die Psychologieprofessorin Gabriele Oettingen[10] hat ein Vorgehen entwickelt, sich über Ziele klar zu werden und sie zu erreichen. Ihre Methode vollzieht sich in vier Schritten: *Wunsch, Ergebnis, Hindernis, Plan*. Die vier Begriffe beschreiben die einzelnen Schritte dieser Methode. Darum geht es bei diesen vier Schritten:

1. Schritt: Formulieren Sie Ihren Wunsch

Werden Sie sich bewusst, welche Wünsche und Ziele Sie trotz der Herausforderungen des Alltags bewegen. Welches Anliegen ist Ihnen besonders wichtig? Dabei muss der Wunsch, der Ihnen am Herzen liegt, realistisch sein. »Man müsste nochmals 20 sein…« oder Lottogewinne scheiden aus! Formulieren Sie einen Wunsch, der Ihnen erreichbar erscheint, und notieren Sie das Anliegen. Wichtig ist, dass der Wunsch Ihnen wirklich etwas bedeutet.

....

....

....

....

....

2. Schritt: Malen Sie sich die Erfüllung des Wunsches aus

Überlegen Sie, was Sie sich von der Erfüllung Ihres Anliegens erhoffen. Was reizt Sie daran? Malen Sie sich einige Minuten lang aus, was passieren würde, wenn dieser Wunsch in Erfüllung ginge.

....

....

....

....

....

3. Schritt: Welches Hindernis steht Ihnen im Weg?

Was hindert Sie an der Erfüllung des Wunsches? Stellen Sie sich das größte Hindernis vor, das Ihnen bei der Erreichung Ihres Ziels im Weg steht. Was hält Sie davon ab, zu kämpfen und die Schwierigkeit zu überwinden? Überlegen Sie, welche Gewohnheiten, Überzeugungen oder Gefühle Sie womöglich abhalten. Ist das Hindernis jedoch zu hoch und unüberwindbar, dann verfolgen Sie den Wunsch nicht weiter.

....

....

....

....

....

*4. Schritt: Fassen Sie einen konkreten Plan
zur Überwindung des Hindernisses*

Nachdem Sie sich Ihr Hindernis vorgestellt haben, machen Sie einen Plan. Überlegen Sie, welche Alternativen es gibt, um die Schwierigkeit zu überwinden. Fallen Ihnen mehrere Möglichkeiten und Lösungen ein, entscheiden Sie sich für die erfolgversprechendsten. Formulieren Sie dann einen ganz konkreten Wenn-dann-Plan: *Wenn das Hindernis X auftaucht, werde ich Y machen. Wenn die erwartete Schwierigkeit eintritt, dann werde ich ein bestimmtes Verhalten ausführen, um sie zu überwinden.*

....

....

....

....

....

Warum kann diese Methode funktionieren? Weil die Menschen mit ihrer Hilfe entweder feststellen, dass ihre Wünsche erfüllbar sind (das gibt Energie, erhöht ihr Engagement und motiviert), oder sie erkennen ihre Wünsche als utopisch, sodass sie sich davon lösen und andere, erfolgversprechendere Ziele verfolgen. Der große Vorteil dieses Vorgehens besteht darin, dass es Ihnen dabei hilft, sich von Zielen zu verabschieden, die nicht erreichbar sind. Wenn es nicht klappt, sollten Sie es noch einmal probieren und überlegen: Habe ich alle Hindernisse erkannt und den Plan richtig formuliert?

Zur Illustration ein praktisches Beispiel

Wunsch: Sie wünschen sich mehr Zeit für sich, um Kraft zu tanken. Die alltäglichen Anforderungen, die Ihr Kind an Sie stellt, überfordern Sie, machen Sie nervös, unzufrieden und laugen Sie aus. Ihr Wunsch lautete: Sie möchten regelmäßig drei Stunden in der Woche nur für sich zur freien Verfügung haben, wo Sie das tun können, was Ihnen Spaß macht: Tanzen, Sport treiben, ins Kino oder in ein Konzert gehen.

Ergebnis: In den drei Stunden sind nur Sie wichtig, Sie steigen aus Ihrer Rolle als Mutter oder Vater aus und lassen alle Anforderungen und Zwänge hinter sich. Sie fühlen sich frei und müssen nichts leisten.

Hindernis: Sie kennen niemanden, dem Sie Ihr Kind anvertrauen wollen. An wen könnten Sie sich überhaupt wenden? Wo finden Sie Hilfe? Können Sie sich das finanziell leisten?

Plan: Gibt es jemanden in meiner Bekanntschaft oder Verwandtschaft, der bereit ist, stundenweise die Betreuung zu übernehmen?

Wenn nicht, dann gibt es sogenannte »Familienentlastende« oder »Familienunterstützende Dienste«. Art und Umfang der Hilfen sollten auf die Erfordernisse der einzelnen Familien abgestimmt werden. Sie entscheiden weitgehend selbst über Helfer, Ort, Art und Umfang der Hilfe. Die Angebote umfassen zum Beispiel stundenweise Betreuungs- und Pflegehilfen, wahlweise in der Wohnung der Familie, in Betreuungsräumen des Dienstes oder an anderen Orten. Die Mitarbeiter sind zumeist Studierende oder Auszubildende in sozialen Berufen.

Wenn Sie sich diese Art der Betreuung vorstellen können, dann stellt sich die Frage: Wie finde ich einen solchen Dienst? Träger Familienentlastender Dienste sind oft Wohlfahrts- oder Behindertenverbände, Selbsthilfegruppen und Sozialverbände wie Diakonie, Caritas oder *Lebenshilfe*. Als nächsten Schritt suchen Sie Kontakt zu einem dieser Wohlfahrts- und Sozialverbände in Ihrer Stadt oder Ihrem Landkreis, sei es im Internet oder über das Sozialamt bzw. die Krankenkasse. Hier ist Ausdauer gefragt. Vor allem: Lassen Sie sich nicht entmutigen!

Ist ein Dienst gefunden, lassen Sie sich einen Termin geben und tragen Sie Ihr Anliegen bzw. Ihren Wunsch detailliert vor. Vergessen Sie nicht, das Finanzielle anzusprechen.

Für die Kostenübernahme gibt es verschiedene Möglichkeiten, zum Beispiel die Eingliederungshilfe, Verhinderungspflege oder zusätzliche Betreuungsleistungen.

Fazit: Sie haben einen realistischen Wunsch formuliert, den Sie sich konkret ausgemalt haben. Sie haben auch die Hindernisse benannt, die auftreten könnten. Stellen Sie nun einen Plan nach dem folgenden Schema auf: *Wenn ein Hindernis auftritt, dann besitze ich einen Plan B, um weiterzukommen.*

Gut zu wissen: Was zeichnet einen glücklichen Menschen aus?

Wichtig für die Lebenszufriedenheit sind nicht nur die Erfolge im Zusammenleben mit einem beeinträchtigten Kind im Alltag. Auch die Frage nach der Zufriedenheit mit dem eigenen Leben – trotz großer Herausforderungen – ist wichtig. Seit einigen Jahren gibt es die sogenannte »Glücksforschung«: Wissenschaftler untersuchen, was Menschen zufrieden und glücklich macht.

Was zeichnet einen glücklichen Menschen also aus? Eine Antwort lautet: Einerseits häufiges Auftreten von positiven Gefühlen, andererseits die generelle Zufriedenheit mit dem Leben. Interessant ist, was die Wissenschaftlerin Sonja Lyubomirsky darüber herausgefunden hat:

Glücklichsein ist abhängig von:

- *Genen und Erblichkeit (50 Prozent)*
- *Lebensumständen (10 Prozent)*
- *Eigenen Aktivitäten (40 Prozent)*

Das bedeutet, Ihre Lebensumstände können schwierig sein (wenig Geld, Überforderung, Scheidung, behindertes Kind oder Familienmitglied), dies hat jedoch nur zu 10 Prozent Einfluss auf Ihre Lebenszufriedenheit. Wichtiger hingegen ist Ihre Einstellung zur aktuellen Lebenssituation und Ihr Handeln. Die gute Nachricht lautet: Glück kann man also bewusst durch Aktivitäten anstreben und erlernen.

7. KAPITEL

Entwicklungspotenzial: Wege zum Lebensglück

Wodurch können Sie Lebensglück anstreben und fördern? In mehr als 130 Schulen in Deutschland gibt es inzwischen das Unterrichtsfach »Glück«. Der Inhalt des Fachs besteht vor allem in der Bewusstseinsentwicklung. Es geht also darum, den Schülern – jenseits des üblichen Rahmenplans – einen Freiraum zu schaffen, in dem sie sich persönlich entfalten können, die Gemeinschaft schätzen lernen und Impulse bekommen, ihr Leben aktiv zu gestalten.

So können Sie die Ergebnisse der Glücksforschung zum Beispiel für sich nutzen:

Vermeiden Sie Vergleiche

Vergleiche fördern das Gefühl des Mangels und der Unzufriedenheit. Wenn Sie die Aufmerksamkeit ständig auf Defizite und Ausfälle Ihres Kindes richten, dann entdecken Sie seltener die positiven Aspekte seines Daseins. Das gleiche gilt für den Blick auf andere Familien, die es angeblich leichter haben oder glücklicher sind. Es gibt sie nicht, die ewig glückliche Frühstücks-Rama-Familie, die problemlos den Alltag meistert!

Ein buddhistischer Weisheitsspruch lautet: »Wenn du anfängst, zu vergleichen, fängst du an zu leiden.«

Nehmen Sie sich Zeit, »das Besondere« an Ihrem beeinträchtigten Kind zu entdecken

An jedem Kind gibt es etwas Besonderes zu entdecken. Sehen Sie die kleinen Fortschritte Ihres Kindes oder die Ausdauer, mit der es etwas vollbringt. Richten Sie Ihre Aufmerksamkeit auf Situationen und Momente, die positiv sind. Erleben Sie Glücksmomente bewusst gemeinsam mit dem Kind. Vielleicht besitzt Ihr Kind eine große Sensibilität dafür, wie es Mitmenschen geht? Oder es besitzt einen gewissen Charme im Umgang mit anderen und eine ansteckende Fröhlichkeit? Kann es Gefühle spontan äußern und ist besonders zärtlich und anschmiegsam?

Suchen Sie nach Eigenschaften, die Sie lieben können. Es ist immer wieder beeindruckend, wie gerade starke Eltern voll Warmherzigkeit über ihr Kind sprechen.

Üben Sie sich in Dankbarkeit

Dankbarkeit bedeutet hier, dankbar zu sein für das Leben, wie es augenblicklich ist. Dadurch lenken Sie Ihre Aufmerksamkeit auf die positiven Aspekte des Lebens. Und das hat wiederum zur Folge, dass Ihre Wahrnehmungen im Allgemeinen ebenfalls positiver werden. Es ist gut, sich bewusst zu machen, was im Leben – auch mit einem besonderen Kind – an Positivem geschieht. Dankbarkeit ist ein Mittel gegen negative Emotionen wie das Hadern mit dem Schicksal, Neid oder Ärger.

Glücksforscher empfehlen daher, zwei-, dreimal pro Woche ein »Dankbarkeits- oder Freudentagebuch« zu führen. Da Menschen negative Dinge stärker wahrnehmen als positive, wird sich dadurch im Laufe der Zeit auch Ihre Sicht auf das Leben positiver gestalten. Schreiben Sie vor dem Schlafengehen drei Begebenheiten auf, die an dem vergangenen Tag gut waren: »Worüber konnte ich mich heute freuen? Was war schön? Wofür kann ich danken?«

Dankbarkeit hilft, Reserven zu sammeln für die nächsten Krisen und Herausforderungen.

Leben Sie im Hier und Jetzt

Je bewusster Sie in der Gegenwart leben, desto besser fühlen Sie sich. Ständig daran zu denken, was morgen anders sein könnte oder was gestern war, fördert keinesfalls das Glücklichsein, sondern verleidet die Gegenwart. Fragen Sie sich, was Sie im Augenblick an Positivem fühlen. Stellen Sie fest, was im Hier und Jetzt alles gut ist. Nehmen Sie zum Beispiel Ihre Atmung, die Sonne oder den Kaffeeduft für Augenblicke wahr, gönnen Sie sich eine Pause. Was bereitet Ihnen im Alltagsleben Freude, was stärkt Sie? Versuchen Sie, dies zu leben und zu fördern.

7. KAPITEL

Stärken Sie Ihre sozialen Beziehungen

Wir sind soziale Wesen und auf zwischenmenschliche Beziehungen angewiesen, um zufrieden und glücklich zu sein (siehe auch Kapitel 8).

Richten Sie also Ihr Augenmerk hierauf: Bedanken Sie sich bei Ihrem Partner für die kleinen Aufmerksamkeiten im Alltag oder genießen Sie bewusst ein gemeinsames Essen. Wenn es Ihnen gut geht, hat das positive Effekte auf Ihr Kind, die Familie und die Umwelt.

Kurz & knapp

Über Glückshormone

Sogenannte Glückshormone beeinflussen unser psychisches und physisches Wohlbefinden. Diese körpereigenen Hormone kurbeln positive Emotionen an. Das sogenannte »Kuschelhormon« Oxitocin fördert ein positives Miteinander, stärkt das Vertrauen in andere Menschen, reduziert Stress und Angst, dämpft Aggressionen und macht empathisch. Dieser Stoff fördert die Bindung zwischen Mutter und Kind und führt zu fürsorglichem Verhalten. Umarmen Sie Ihr Kind öfter liebevoll, berühren Sie es zärtlich – es tut Ihrem Kind und Ihnen gut.

Ein ungewöhnlicher Tipp

Hier ein ungewöhnlicher Tipp für hartnäckige Glückssucher: Der Arzt, Humorist und Buchautor Eckart von Hirschhausen hat ein kostenloses Online-Glückstraining ins Internet gestellt. Vielleicht klicken Sie es einmal an: *glueck-kommt-selten-allein.de*

Persönliche Stärke erfahren

- Ich sehe die positiven Seiten des Kindes, wie zum Beispiel seinen Entwicklungsstand, seine Kommunikationsfähigkeit oder persönliche Merkmale wie Charme, Lebensfreude ...
- Ich akzeptiere das Kind, wie es ist, und nehme in Liebe all seine Seiten wahr.
- Ich erfahre Freude und Erfüllung durch die Fürsorge.
- Mein Kind ist für mich auch eine Quelle von Freude und Glück.
- Ich schätze die Fähigkeiten des Kindes realistischer ein.

Ein Text für stille Momente

»... aber unsere Kinder können eben auch etwas, das kaum einer kann

Und deswegen verdienen sie eine Hommage. Eine Hommage an die Besonderen, die Unverstellten. An die, die etwas behindert, so doof, so leistungsorientiert, so gleichgeschaltet zu sein wie wir. An die, die lachen, wenn man nicht lachen darf. Die, die mit den Füßen trampeln, wenn sie sich freuen. Die einen so doll umarmen, dass der Hals schief wird, die aber das Herz am rechten Fleck haben. Die, die nicht reden können und doch alles sagen. Die, die uns beibringen, wie bedingungslose Liebe geht – und tiefste Verzweiflung. Niemand kann so an meinen Nerven sägen wie mein Sohn, wenn er Geräusche macht, um sich zu spüren. Gerade ist es ein lauter Pfiff. Er macht ihn etwa alle 30 Sekunden, Tic nennt man das. Der Pfiff geht durch mein Ohr ins Hirn, in meine Nerven und Glieder. Ich wusste nicht, welche Kraft und Geduld in mir steckt, was ich aushalten und leisten kann. Sogar: Danke dafür! Diese Kinder sind eine Bereicherung – für die ganze Gesellschaft. Wir brauchen sie!«[11]

8.

»MENSCHEN, DIE UNS KRAFT GEBEN KÖNNEN«
Familie, Freunde und Bekannte

> » Kein Mensch kann das beim anderen sehen und verstehen, was er nicht selbst erlebt hat.«
> *Hermann Hesse*

In diesem Kapitel erfahren Sie:

- warum Sie Hilfe annehmen sollten
- warum Freundschaften so wichtig sind
- wie Mütter und Väter sich den Herausforderungen stellen können
- wie Berufstätigkeit gelingen kann

Eltern berichten

I. Als unsere Freunde erfuhren, dass unsere Tochter kein sogenanntes »normales« Baby ist, sondern Down-Syndrom hat, reagierten einige völlig geschockt. Sie besuchten uns zwar, konnten aber gar nicht mit der Situation umgehen... Sie waren halt überfordert, hatten vorher keinen Kontakt mit behinderten Menschen gehabt. Uns hat das alles anfangs sehr traurig gemacht... bis wir dann eine Selbsthilfegruppe gefunden haben mit anderen Down-Syndrom-Kindern. Da hat man Hilfe und Verständnis gefunden.

Claudia, 41 Jahre

II. Unsere zweite Tochter kam blind und gehörlos zur Welt. Die ganze Familie war total hilflos und schockiert, als ob das alles unsere Schuld gewesen wäre. Da war keine Hilfe zu erwarten. Von unseren Freunden hat sich aber ein Paar angeboten, mit uns gemeinsam zu Beratungsstellen zu gehen. Es hat uns das Baby regelmäßig abgenommen, wenn wir einmal ausruhen wollten, und da ich nicht gestillt habe, ging das gut. Mit den anderen Freunden haben wir kaum noch Kontakt. Es wäre schon schön, wenn die Nachbarn ihre Hilfe anbieten würden.

Marina, 37 Jahre

Gut zu wissen: Familie gibt Kraft

Natürlich wird das Zusammenleben in der Familie in besonderer Weise von der Behinderung eines Familienmitglieds geprägt. Der Zusammenhalt und die Verbundenheit untereinander sind aber eine Kraftquelle, die alltäglichen Herausforderungen zu meistern. Ein bejahendes »Wir-Gefühl« ermöglicht einen positiven Umgang mit den Belastungen. Jede Familie ist dabei einzigartig und besitzt ihre besonderen Stärken und Neigungen, wobei die meisten Familien stolz darauf sein können, was sie im Umgang mit den Beeinträchtigungen leisten.

Einfach mal nachgefragt

Welches Motto, welcher Leitsatz gibt am besten wieder, wie Ihre Familie die alltäglichen Belastungen meistert? (Zum Beispiel: »Zusammen sind wir stark!« »Wir finden immer einen Weg!« »Wir lassen uns nicht behindern!«)

8. KAPITEL

Worum es geht: Hilflosigkeit der Umwelt

Als Eltern eines beeinträchtigten Kindes wird man häufig mit gedankenlosen, aber nicht böse gemeinten Kommentaren konfrontiert: »Das ist sicher schwierig für euch. Aber im Grunde kann ich das nicht beurteilen, ich habe ja ein gesundes Kind.« Ihre Antwort darauf könnte lauten: »Ich habe auch ein gesundes Kind. Denn Behinderung ist keine Krankheit.« Eine Behinderung kann hingegen eine Ursache für eine Erkrankung sein.

»Toll, was ihr leistet, ich könnte das nicht. Da müsst ihr ja euer ganzes Leben umkrempeln.« Eine mögliche Antwort hierauf lautet: »Mein Kind ist ein Wunschkind und seitdem es auf der Welt ist, weiß ich, wozu ich lebe.« Es könnte sein, dass Ihr Gegenüber dann verlegen an Ihnen vorbeischaut und eine Entschuldigung murmelt, so habe er es nicht gemeint.

Oft ist ein solches Verhalten Ausdruck von Hilflosigkeit, mit dieser Situation umzugehen und ehrliches Mitgefühl zu zeigen. Viele haben Angst, etwas falsch zu machen oder aufdringlich zu erscheinen. Erinnern Sie sich daran, wie fremd Ihnen früher vielleicht selbst Begegnungen mit behinderten Menschen waren.

Auch wir kamen öfter in die Situation, wo Mitmenschen nicht wussten, wie sie reagieren sollten, und wir ihnen erklären mussten, wie das Leben mit unserer behinderten Tochter abläuft. Zugleich aber öffnete sich dann der Gesprächspartner auch, um zu erzählen, was im eigenen Leben an Herausforderungen zu meistern war. Das schafft eine ungeahnte Nähe und gibt Kraft (siehe Seite 117).

Es gibt kaum gesellschaftliche Muster für die Anforderungen an Familien mit besonderen Kindern. Sie werden mit Herausforderungen konfrontiert, die bisher jenseits ihres Horizontes lagen. Vor allem müssen sie ihre bisherigen Erwartungen nun an die Entwicklung des Kindes anpassen und ihre Lebensplanung aktualisieren. Da macht sich schnell ein Gefühl der Hilflosigkeit breit, den Ansprüchen der Gesellschaft und dem Kind gleichermaßen gerecht zu werden. Umso wichtiger ist der

Aufbau sozialer Kontakte. Gute Beziehungen zu Familienmitgliedern, Freunden, Nachbarn oder Bekannten sind äußerst wichtig. Sie stärken unser Selbstwertgefühl und sind hilfreiche Unterstützer in Notzeiten.

Verbreiteter Irrtum: »Wir brauchen keine Hilfe«

Im Alleingang sind Sie maßlos überfordert: »Wir schaffen das alleine!« Diese Auffassung sollten Sie *ad acta* legen, denn ein Familienmitglied mit Beeinträchtigung ist für alle Angehörigen zunächst ein Härtetest. Wir sollten also durchaus lernen, uns helfen zu lassen, gerade wenn wir es gewohnt waren, Hilfsangebote abzulehnen. Manche Eltern sind zu bescheiden und haben Angst, ihren Mitmenschen zuviel zuzumuten. Sich von Großeltern, Verwandten, Freunden oder Bekannten helfen zu lassen, ist allerdings nur angemessen und vernünftig. Es tut den Eltern und der ganzen Familie gut – vor allem das Kind profitiert davon. Hilfe in Anspruch nehmen zu können, ist eine Stärke (siehe Seite 183).

Gut zu wissen: Familie und Freundschaften

Es ist schmerzhaft, festzustellen, wenn Familienmitglieder oder Freunde das besondere Kind nicht akzeptieren. Diese Ablehnung kann in versteckter oder offener Form deutlich werden. Das führt bei vielen Eltern zu Verletzungen, oft sogar zum Abbruch von Beziehungen. Häufig hört man, dass Eltern eines beeinträchtigten Kindes in der größeren Familie und im Freundeskreis als Fremdkörper angesehen werden oder dass erhebliche Berührungsängste im Umgang mit ihnen bestehen.

Dies hat viele Ursachen. Eine davon ist sicher die Unsicherheit im Umgang mit beeinträchtigten Menschen, denn sie bringen ihre Gefühle und Empfindungen so ganz anders zum Ausdruck als wir. Wenn man sich jedoch Zeit nimmt zur Beobachtung und zum Zuhören, dann bemerkt man bald, dass sie uns vieles voraus haben: zum Beispiel ihre Unverstelltheit und Neugier, aber auch die Herzlichkeit, mit der sie auf diejenigen zugehen, die sich ihnen öffnen.

Dieses Wissen und diese Erfahrungen erschweren Eltern oft den Umgang mit Familie und Freunden, denn Eltern können nur schwer verstehen, dass andere Menschen dem besonderen Kind gegenüber Vorbehalte haben. Hilfe von Verwandten, Freunden und Nachbarn wird leider gerade bei schweren Behinderungen seltener angeboten, sodass viele Familien auf bezahlte Helfer und professionelle Dienste angewiesen sind.

Es gibt aber auch den Fall, dass das beeinträchtigte oder chronisch kranke Kind Freunde oder Großeltern ablehnt und gut gemeinte Kontaktversuche abblockt. Vor allem für Familienmitglieder, die dem Kind mit Liebe und Interesse begegnen, ist das sehr schmerzlich. Besondere Kinder haben da ihre eigenen Verhaltensweisen und Vorstellungen.

Ermutigung von anderen Eltern

In unseren Interviews mit Eltern von Kindern mit Behinderung haben wir folgende Aussagen gehört:

- *Ohne den Zusammenhalt und die Unterstützung der Familie könnte ich das alles nicht schaffen.*
- *Obwohl Freunde oft keine Ahnung haben, können sie doch unter Umständen gute Ratschläge geben, da sie nicht »betriebsblind« sind.*
- *Manchmal ist Familie eher Belastung als Hilfe – dann sollte der Kontakt eingeschränkt werden.*
- *Eltern dürfen egoistisch sein – für sich und ihr Kind.*

Entwicklungspotenzial: Auf Mitmenschen zugehen

Sprechen Sie mit Familie und Freunden über Ihre Sichtweise auf das beeinträchtigte Kind. Betonen Sie seine Fähigkeiten und Stärken und Ihren Wunsch, nicht nur seine Defizite zu betrachten.

Häufig besteht bei Freunden und nahen Familienangehörigen eine Scheu und Unsicherheit vor dem Kind, die in Unwissenheit begründet ist: durch mangelnde Erfahrung im Umgang mit beeinträchtigten Menschen. Dies kann durch regelmäßige Treffen und Gespräche abgebaut werden. Viele Mitmenschen wissen nicht, wie sie mit Ihnen umgehen sollen, wenn Sie es ihnen nicht sagen. Schreiben Sie doch an Verwandte und Freunde einen Familienrundbrief, in dem die Behinderung und Ihre augenblickliche Situation dargestellt werden. Zögern Sie nicht, Ihre Wünsche und Bedürfnisse anzusprechen und zu benennen, welchen Umgang mit Ihnen Sie sich erhoffen. Viele Menschen können sich kaum einfühlen, wie es ist, ein Kind mit Behinderung zu haben.

Häufig ist die »Restfamilie« unbewusst zunächst enttäuscht über den besonderen Familienzuwachs. Auch dies hat dann Zurückhaltung zur Folge. Wenn wir als Eltern aber an unserer Liebe und auch Begeisterung für unser Kind – so, wie es uns von Gott gegeben wurde – keinen Zweifel lassen, dann können die Anderen sich dieser Betrachtungsweise langfristig nicht verschließen!

Von der Herausforderung zum persönlichen Gewinn: Entlastung durch Loslassen

Für Eltern, die ihr Kind ja am besten kennen, ist es oft schwer, ihr besonderes Kind loszulassen und zu entdecken, dass auch andere ihr Kind fürsorglich und angemessen betreuen können. Sie ermöglichen damit Ihrem Kind, Kontakte außerhalb der Familie zu knüpfen und erste Schritte zu mehr Selbständigkeit zu wagen. So kann, unabhängig von Ihnen, ein eigenes Netzwerk aufgebaut werden. Spannen Sie ganz bewusst andere Personen wie Verwandte, Freunde, Lehrer, Therapeuten und Paten zur Unterstützung mit ein.

Dadurch kann sich auch das Kind-Eltern-Verhältnis entlasten, wenn Eltern sich bei schwierigen Situationen herausziehen und punktuell die Erziehung anderen überlassen.

> **Persönliche Stärke erfahren**
>
> - Ich habe gelernt, mir helfen zu lassen.
> - Ich kann mein Kind immer besser loslassen.
> - Ich weiß, dass Angehörige und Freunde ebenso gut für mein Kind sorgen und emotionale Sicherheit vermitteln können.

Gut zu wissen: Freundschaften stärken uns

Erleben Sie Unterstützung durch die Familie, Freunde oder Gruppen? Suchen und pflegen Sie Freundschaften! Jeder braucht Freunde, aber Freundschaft zeichnet sich durch Gegenseitigkeit aus. Pflegen Sie einen Freundeskreis, in dem ein wertschätzender und aufbauender Umgang, aber auch zwangloses Zusammensein möglich ist. Wenn nötig, beenden Sie kraftraubende und ausnutzende Beziehungen.

Leider ziehen sich viele Eltern zurück, da sie Freunde nicht mit anstrengenden und chaotischen Besuchen nerven wollen. Statt nervenaufreibender Besuche samt Nachwuchs können Sie in einem solchen Fall auch Freundschaften pflegen, indem Sie sich ohne die Kinder treffen.

Suchen Sie sich auch außerhalb von Familie und Freunden Unterstützung und Hilfe. Hier bieten sich Selbsthilfegruppen (siehe Kapitel 12), Informationsmöglichkeiten (Internet, Literatur, Broschüren), Fachleute und Außenstehende an.

Sollten Sie einmal gefragt werden, was Sie sich zu Weihnachten oder zum Geburtstag wünschen, zögern Sie nicht, sich Zeit schenken zu lassen: vielleicht einen Abend zu zweit zur freien Verfügung. Dann können Sie einmal wieder das tun, wonach Sie sich schon lange sehnen: Theaterbesuch, Jogging, Tanzen, Fitnessstudio, Einkaufsbummel, Restaurantbesuch usw., da wird Ihnen sicher einiges einfallen!

Einfach mal nachgefragt

- *Mit welchen Personen aus der Familie oder Ihrem Umfeld können Sie am ehesten über die Behinderung sprechen, sodass Sie sich unterstützt fühlen?*
- *Entscheiden Sie selbst, mit wem Sie wann und wieviel über die Behinderung sprechen?*
- *Gibt es eine Liste der erreichbaren Angehörigen und Freunde, die unterstützend tätig werden können?*
- *Welche Freundschaften und Kontakte könnten Sie wieder auffrischen?*

Verbreiteter Irrtum: »Gute Mütter sind selbstlos«

Zumeist ruht die Hauptlast der Versorgung und Betreuung eines Kindes mit Beeinträchtigung oder chronischen Krankheiten auf den Schultern der Mutter. Hinzu kommt, dass Frauen in diesem Fall oft zum Perfektionismus neigen: Da sind Überforderung und Überlastung vorprogrammiert.

Es muss nicht alles in Ihrer Hand liegen und von Ihnen gemeistert werden. Wie aber kann man diesem Kreislauf entrinnen? Überlegen Sie, was wirklich »Chefsache« ist. Die wichtigen Aufgaben und Entscheidungen müssen Sie treffen, wie zum Beispiel die Therapieauswahl oder Gespräche mit Ärzten. Fahrten zu Therapien oder Einkäufe jedoch können Sie delegieren und anderen übertragen. Suchen Sie sich Hilfe und nehmen Sie Unterstützung an. Bauen Sie ein privates Netzwerk mit Verwandten, Freunden, Paten und Nachbarn auf und nutzen Sie zugleich das professionelle Netzwerk wie Verhinderungspflege und die zusätzlichen Betreuungs- und Entlastungsleistungen. Sie können zum Beispiel über einen Pflegedienst auch eine Haushaltshilfe bekommen.

Es ist ein Alarmzeichen, wenn Sie Aggressionen spüren oder ständig gereizt sind. Das ist vermutlich ein Hinweis, dass etwas nicht in Ordnung ist, dass Sie jetzt auch für sich sorgen müssen. Es gilt, die Balance zu finden zwischen der Zuwendung zum Kind und dem Anliegen: Ich bin auch wichtig und bedürftig.

Wenn es einer Mutter gut geht, sie in ihrer Rolle zufrieden ist und sie den Alltag halbwegs meistert, sie wahrgenommen und wertgeschätzt wird, dann geht es zumeist auch den anderen in der Familie gut. Ist sie hingegen unglücklich und fühlt sich übergangen, dann wirkt sich das auch auf den Rest der Familie aus.

Statt sich ständig »aufzuopfern«, brauchen Mütter – wie auch Väter – als Ausgleich zum fordernden Alltag Außenkontakte, Hobbys, Zeit für sich, Ablenkung, Freizeitaktivitäten, Anerkennung, Sport oder – wenn gewollt und möglich – Berufstätigkeit (evtl. in Teilzeit), um neue Energie zu tanken. Besonders wichtig jedoch sind die Wertschätzung der Ehepartner untereinander und die Wahrnehmung für die Leistungen des Partners. *Eine Mutter, die andauernd selbstlos für ihre Lieben da ist, ist bald ihr Selbst los.*

Von der Herausforderung zum persönlichen Gewinn: Auszeiten

Auf Dauer kann der Alltag mit einem beeinträchtigten Kind nur mit Hilfe von Auszeiten, Hobbys oder Erholungszeiten durchgehalten werden. Viele Mütter, die sich auch nur für wenige Stunden zurückziehen, haben ein schlechtes Gewissen und fürchten, dass ihr Kind Schaden nehmen könnte, wenn es nicht ständig von ihnen betreut wird.

Wenn Sie sich hier wiedererkennen, dann fragen Sie sich:

- *Bin ich so perfektionistisch, dass ich anderen nicht zutraue, mein Kind zufriedenstellend zu betreuen?*
- *Welche Ansprüche und Rollenerwartungen prägen mich, dass ich mir keine Freiräume zugestehe?*

Das Ritual der Kaffeebohnen

Zwei vielbeschäftigte Mütter erzählten uns von folgendem Ritual: Man stelle zwei leere Tassen auf den Tisch. Dann nimmt jede einige Bohnen als Symbol für Bitterkeit und Sorge und füllt die Tasse damit. (Sorge um die Kinder, den Partner, im Job …) Nachdem die Sorgen benannt und geteilt wurden, werden sie zermahlen. Anschließend wird daraus ein wohlschmeckender Kaffee bereitet.

Die Sorge wird, nachdem sie geteilt wurde, in ein anspornendes und belebendes Getränk verwandelt. Dies ist eine Möglichkeit, unsere Kümmernisse auf produktive Weise zu verarbeiten!

Verbreiteter Irrtum: »Väter engagieren sich kaum«

Für die meisten Väter stimmt dies so nicht. Es gibt das Vorurteil, dass ein beeinträchtigtes oder chronisch krankes Kind eine Ehe so stark belastet, dass Väter oft die Verantwortung ablehnen und die Ehe verlassen. Dieses Vorurteil stimmt nicht. Väter sind wesentlich besser als ihr Ruf.

Ein besonderes Kind zu haben, kann durchaus eine Verletzung oder eine Enttäuschung sein und schließlich eine Belastung, mit der sich die ganze Familie immer wieder einrichten muss. Dies ist für Väter häufig schwieriger als für Mütter. Väter sind von der Behinderung ihres Kindes genauso stark belastet wie die Mütter, lassen es sich aber oft nicht anmerken.

Väter bleiben oft berufstätig, während Mütter die Sorge um das besondere Kind mit tausend Handgriffen in die tägliche Arbeit einbeziehen und dadurch mit der Krankheit oder der Behinderung vertrauter werden. Vätern gelingt das – mangels Gelegenheit – häufig nicht in dem Maße.

Für Väter gilt jedoch: Neben ihrem Engagement in Beruf und in Familie brauchen auch sie Ablenkungen, Hobbys oder Freizeitaktivitäten, um sich nicht ausschließlich über ihre Vaterrolle zu definieren und dadurch ihre Persönlichkeit gänzlich aufzugeben. Auch hier gilt: Besonders wichtig ist die Wertschätzung der Ehepartner untereinander und füreinander.

Gut zu wissen: Der Spagat zwischen Familie und Beruf

Früher war die Betreuung eines beeinträchtigten Kindes der ausschließliche Dreh- und Angelpunkt der Aktivitäten einer Mutter, und dies mitunter lebenslang. Auch gegenwärtig tendieren viele Mütter nach der Geburt eines besonderen Kindes dazu, sich auf die behindertengerechte Förderung und Betreuung des Kindes im häuslichen Rahmen zu konzentrieren. Mehr als die Hälfte der Frauen ist daneben nicht berufstätig. Durch eine ausschließliche Ausrichtung auf die Bedürfnisse des Kindes besteht jedoch die Gefahr, soziale Kontakte zu verlieren und sich abzuschotten.

Der Gedanke, Kinderbetreuung und Berufstätigkeit miteinander zu verknüpfen, erscheint vielen als unerfüllbare Belastung und Überforderung. Ein Gleichgewicht der unterschiedlichen Anforderungen herzustellen, ist nicht einfach und aus diesem Grund neigen Frauen mitunter dazu, sich ausschließlich der Betreuung des Kindes als »gute Mutter« zu widmen. Wie wissenschaftliche Studien ergeben haben, kann sich eine Erwerbstätigkeit sowohl positiv auf das Selbstverständnis als auch auf die Lebensqualität einer Mutter auswirken. Trotzdem: Jede Frau (und jedes Paar) muss diese Entscheidung individuell für sich selbst treffen.

Wie kann es Müttern gelingen, Berufstätigkeit und die Betreuung des Kindes gut miteinander zu verbinden? Arbeitszeit, Tages- und Versorgungsrhythmus müssen aufeinander abgestimmt werden. Wo Flexibilität – wie bei Schichtarbeit – erforderlich ist, kann es zu Problemen kommen. Wo es keine festen Zeiten gibt, braucht es oft ein hohes Maß an Entgegenkommen des Arbeitgebers und der Kollegen. Wenn das nicht möglich ist, kann das Kind durch familiäre Hilfe oder durch bezahlte professionelle Unterstützung betreut werden. Regelmäßige Betreuung kann zum Beispiel durch die Großeltern oder den Partner erfolgen oder durch Familienentlastende Dienste, ambulante Kinderkrankenpflegedienste, Haushaltshilfen oder Au-Pair-Mädchen. Dazu ist oft ein erheblicher organisatorischer Aufwand nötig.

Wir haben diesen Spagat gewagt – mit viel Energie, einem hohen Maß an Flexibilität und großem Kräfteverschleiß. Mal ging der eine früher zur Arbeit (der Gleitzeit sei Dank), mal musste der andere eher aus der Gesamtkonferenz enteilen – *danke für euer Verständnis, liebe Kollegen!*

Verbreiteter Irrtum: »Besondere Kinder kann man nicht verwöhnen«

Aufgrund der Behinderung entsteht im Laufe der Zeit eine besonders enge Bindung zwischen Eltern und Kind, die durchaus zu einer Verwöhnung des Kindes führen kann. Besondere Fürsorglichkeit und Aufmerksamkeit in den ersten Jahren nach dem Auftreten der Behinderung sind normal – können aber auch, besonders bei Müttern, bis zur totalen Selbstaufgabe führen. Das hilfsbedürftige und schutzlose Kind weckt den Reflex der Unterstützung und Hilfe sowie den Wunsch, ihm alle Schwierigkeiten aus dem Weg zu räumen.

Kinder mit Behinderung sind sensibel und können Eltern durchaus um den Finger wickeln. Sie wissen um die Schwächen und Nachgiebigkeit der Eltern, wenn sie sich zum Beispiel wie ein Kleinkind benehmen, obwohl sie sich erwachsener verhalten könnten, und setzen damit die ganze Familie unter Druck. Das erlebten wir bei einer Mitbewohnerin in der Wohngemeinschaft unserer Tochter, die mehrmals täglich ihre Eltern wegen Nichtigkeiten anrief und für jedes Wochenende ein Unterhaltungsprogramm mit Kino- oder Zoobesuchen und Ausflügen einforderte.

Sie tun Ihrem Kind keinen Gefallen, wenn Sie immer nachgiebig sind und keine Grenzen setzen. Dann besteht die Gefahr einer symbiotischen Eltern-Kind-Beziehung. Dabei begreifen Eltern ihr Kind als einen eigenen Körperteil, ihre Psyche ist mit der des Kindes verschmolzen. Ohne es zu merken, folgt eine stille Inbesitznahme des Kindes, um mit ihm eine

Einheit zu bilden. Dies ermöglicht keine eigenständige Entwicklung, weder für die Eltern noch für das Kind. Eine symbiotische Beziehung schadet auch den anderen Familienmitgliedern. Wichtig ist in diesem Fall, klare Grenzen zu setzen (siehe Seite 209).

Ermutigung von anderen Eltern

In unseren Interviews mit Eltern von Kindern mit Behinderung haben wir folgende Aussagen gehört:

- *Inzwischen weiß ich, dass mein Kind nur selbstständig wird, wenn ich zu gegebener Zeit Nein sage.*
- *Wir versuchen inzwischen unser Kind »normal« zu erziehen, wie seine nicht-behinderte Schwester.*

Entwicklungspotenzial: Berufstätigkeit

Natürlich ist Berufstätigkeit oft eine Zusatzbelastung, wenn keine Wahl bleibt, um den Lebensunterhalt zu sichern. Andererseits ist die (Wieder-) Aufnahme einer Arbeit auch hilfreich und ein Gewinn in folgenden Lebensbereichen:

Eine gesunde Distanz zur Familie wird aufgebaut und es entsteht ein willkommener Ausgleich zum Alltag. Nicht zu unterschätzen sind die Erfahrungen von persönlicher Wertschätzung und Anerkennung außerhalb des Hauses. Dies stärkt das Selbstbewusstsein und gibt Kraft für die alltäglichen Herausforderungen. Hilfreich ist es, die Erwerbstätigkeit möglichst an die jeweilige Lebenssituation anzupassen, zum Beispiel eine vorübergehende Halbtagstätigkeit.

Von der Herausforderung zum persönlichen Gewinn: Fragen zur Berufstätigkeit

- *Erhalten Sie in Ihrem Beruf Anerkennung und Bestätigung?*
- *Wann und wobei fühlen Sie sich gut?*
- *Welche Ihrer Begabungen können Sie in Ihrem Beruf integrieren?*
- *Welche Möglichkeiten liegen bei der Arbeit eher brach?*
- *Gibt es die Möglichkeit, sich eine andere Beschäftigung zu suchen?*

Denken Sie in Ruhe über die einzelnen Fragen nach und notieren Sie Ihre Antworten stichpunktartig. So erhalten Sie eine Übersicht über Stärken und Fähigkeiten, die Sie besitzen, die Sie aktivieren können oder die Ihnen bisher so nicht bewusst waren.

So kann es gelingen: Der Einstieg ins Berufsleben

- *Sprechen Sie mit Ihrem Arbeitgeber und Ihren Kollegen über Ihre Situation.*
- *Wenn möglich: Reduzieren Sie den Umfang der beruflichen Tätigkeit.*
- *Verzichten Sie auf Schicht- und Bereitschaftsdienste.*
- *Nehmen Sie Ihren Partner, Ihre Familie, Freunde und Bekannte mit ins Boot. Knüpfen Sie ein Netzwerk der Unterstützung und suchen Sie Ansprechpartner bei Problemen: zum Beispiel Behindertenbeauftragte, Personalrat oder auch Nachbarn.*

> **Persönliche Stärke erfahren**
>
> - Ich bin belastbar und kann trotz vieler Belastungen einen Beruf ausüben.
> - Ich besitze die Fähigkeit, mit unterschiedlichen Situationen und Problemen umzugehen, sie einzuordnen und anzugehen.
> - Ich kann gut organisieren und habe soziale Kompetenzen erworben.

Mehr Informationen zu Berufstätigkeit

Die Broschüre *Berufstätig sein mit einem behinderten Kind* von Katja Kruse ist ein praktischer Ratgeber mit Gesetzeslage und Leistungsansprüchen: *http://bvkm.de/wp-content/uploads/broschuere_wegweiser_gesamt_light-1.pdf*

Gut zu wissen: Zur Rolle des Vaters in der Familie

Väter durchlaufen bei ihrer Verarbeitung der Behinderung des Kindes ähnliche Phasen wie Mütter. Sie durchleben Momente der Hoffnung, der Verzweiflung und verdrängen oder bagatellisieren die Behinderung. Manche entziehen sich auch der Verantwortung. Je schwerer die Beeinträchtigung, desto stärker das Stressempfinden der Männer. Zugleich kümmern sich Männer vorzugsweise um die materielle Versorgung und Sicherheit, während für Frauen zwischenmenschliche Beziehungen, die Partnerschaft und der Familienzusammenhalt, wichtig sind.

Wünschenswert wäre, dass sich Männer von alten Rollenklischees lösen und sich aktiv am Familienalltag beteiligen. Dieses Ideal einer partnerschaftlichen Elternschaft findet sich tatsächlich häufiger bei Familien mit einem beeinträchtigten Kind verwirklicht als sonst in der Gesellschaft. Wo Männer sich zurückziehen und sich durch die enge Bindung von Mutter und Kind ausgeschlossen fühlen, sollten sie das Gespräch suchen. Dort, wo sich Frauen im Alltag allein gelassen fühlen, sollten sie mehr Einsatz vom Partner fordern.

Das Leben mit einem besonderen Kind kann sensibel machen für eine andere Sicht auf die Wirklichkeit und zu neuen Wertmaßstäben führen: Krankheit und Behinderung sind Bestandteile des Lebens. Andererseits kann man sich an kleinen Dingen erfreuen, den Stellenwert von Leistung neu bewerten sowie den verstärkten Zusammenhalt der Familie ansteuern. Nicht selten kommt es darüber hinaus dazu, dass man neue Lebensziele anzustreben beginnt.

Von der Herausforderung zum persönlichen Gewinn: Raum und Zeit für besondere Bedürfnisse

Sowohl der Partnerschaftsbeziehung als auch den Aktivitäten als Gesamtfamilie sollte man Raum und besondere Beachtung zukommen lassen:

- *Bemühen Sie sich als Paar oder einzeln, sich Zeit und Raum für eigene Bedürfnisse und Interessen zu nehmen. Dies können sein: Sport, Hobbys, Ruhephasen, Natur, Erholung, Treffen mit Freunden, ruhige entspannte Momente im Alltag. Die Zufriedenheit der Eltern wirkt sich auf die gesamte Familie aus und kommt jedem Familienmitglied zugute.*
- *Stärken Sie den Familienzusammenhalt durch gemeinsame Aktivitäten wie Ausflüge, Spieleabende, Besuch von Kino, Museen oder Ausstellungen, Musizieren und Singen… Es gibt viele Möglichkeiten, durch gemeinsame Unternehmungen als Familie die Zusammengehörigkeit zu erleben und zu stärken.*
- *Versuchen Sie, eigene Gefühle und Bedürfnisse zu formulieren und mitzuteilen.*
- *Wichtig ist die gegenseitige Unterstützung durch den Partner, sei es praktisch, sei es emotional: zufriedenstellende Verteilung*

der Aufgaben, regelmäßige Kommunikation, Wertschätzung und die Bereitschaft, Probleme sachlich anzugehen (siehe auch Kapitel 9).
- *Eine gute Beziehung zum Kind kann eine kraftgebende Quelle sein.*
- *Suchen Sie emotionale Unterstützung und konkret-praktische Hilfen im außerfamiliären Bereich: bei Freunden, Bekannten, Nachbarn und Gleichbetroffenen.*
- *Die Teilnahme an Selbsthilfegruppen ist für viele Eltern eine Kraftquelle (siehe auch Kapitel 12).*

Gut zu wissen: Zur Rolle von Großeltern

Großeltern können einen wichtigen Anteil zur Bewältigung der familiären Herausforderungen beitragen. Freilich sind auch Großeltern in der Regel nicht auf eine Behinderung des Enkelkindes vorbereitet, sodass sie – wie die Eltern selbst – die neue Situation erst einmal verarbeiten müssen. Im schlimmsten Fall brechen Großeltern den Kontakt ab. Meist aber engagieren sich Oma und Opa, wenn sie am gleichen Ort wohnen und Gesundheit und Zeit es erlauben, gerne für ihre Enkelkinder. Großeltern können emotionale, praktische und finanzielle Hilfe leisten. Leider kommt es auch vor, dass sie Probleme verschärfen, indem sie beispielsweise das Enkelkind ablehnen oder den Eltern die Schuld für die Behinderung oder chronische Krankheit zuweisen.

Von der Herausforderung zum persönlichen Gewinn: Einbeziehen der Großeltern

- *Auf Oma und Opa ist meist Verlass.*
- *Großeltern können einbezogen werden an Überlegungen zur Wahl der Therapien, des Kindergartens, der Schule und der Freizeitaktivitäten und so zu Helfern werden.*

- *Großeltern können praktische und emotionale Hilfe im Alltag leisten und die Entwicklung des Enkelkindes fördern.*

Wenn die Großeltern jedoch eine zusätzliche Stressquelle sind, gilt es sorgsam abzuwägen und notfalls auf ihre Unterstützung zu verzichten.

Verbreiteter Irrtum: »Je größer die Behinderung, desto stärker die Belastung für die Familie«

Dies bewahrheitet sich in den wenigsten Fällen! Die familiären Bedürfnisse verändern sich durch das Leben mit einem beeinträchtigten Kind nicht überall grundsätzlich. Interessanterweise haben Wissenschaftler herausgefunden, dass die jeweilige Einstellung der Eltern zur Behinderung eine wichtige Rolle spielt. Das stotternde Kind beispielsweise kann manchen Eltern mehr zu schaffen machen als anderen das mehrfach schwerbehinderte Kind. Wenn Eltern ihren Kindern vermitteln: »Wir schaffen das, trotz aller Probleme«, dann übernehmen Kinder häufig diese positive Grundeinstellung. Daher sollten Eltern auftanken, wo immer es geht. So werden Sie aus einer behinderten Familie zu einer Familie mit einem beeinträchtigten Kind.

Die elterliche Selbstwahrnehmung, also der Blick auf den eigenen Kräftehaushalt und die Möglichkeiten eigener Selbstverwirklichung, bildet aus Sicht von Wissenschaftlern einen stabilisierenden Faktor im familiären Leben, der allen Familienmitgliedern zugute kommt.

Von der Herausforderung zum persönlichen Gewinn: Weitere Unterstützer finden

Schauen Sie sich in Ihrer Umgebung nach weiteren Unterstützern wie Verwandte, Nachbarn, Lehrer oder Therapeuten um. Überlegen Sie, wer als Pate in Frage kommen könnte: jemand, der weitere Verantwortung übernehmen kann. Entlastend sind ebenso Gleichgesinnte, Selbsthilfegruppen oder professionelle unterstützende Dienste.

Suchen und pflegen Sie Freundschaften

Freundschaft braucht jeder, aber sie muss auf Gegenseitigkeit beruhen. Suchen Sie sich einen Freundeskreis, in dem ein wertschätzender und aufbauender Umgang oder auch einmal zwangloses Zusammensein möglich sind. Wo nötig, beenden Sie kraftraubende und einseitige Beziehungen.

Gut zu wissen: Vom Umgang mit Freunden und Bekannten

Der Grund, warum sich Freunde oder Bekannte zurückziehen, wenn ein Kind mit Beeinträchtigung geboren wird, ist oft die eigene Unsicherheit und Hilflosigkeit.

Nachbarn oder Freunde betreuen ein »normales« Kind gerne und problemlos. Anders sieht es jedoch mit einem beeinträchtigten Kind aus: Aufgrund fehlender Erfahrungen trauen sich viele Menschen die Betreuung eines Kindes mit Behinderung nicht zu. Sie fürchten, etwas falsch zu machen oder mit dem Kind in eine Situation zu geraten, mit der sie überfordert sind.

Ein Text für stille Momente

Eine Mutter erzählt:

»Als ich einige Jahre später im Elternkreis der *Lebenshilfe* berichte, dass das *andere* Kind so gerne Flaschen – volle oder leere, das ist gleichgültig – auf dem gefliesten Küchenboden zerdeppert, auch Gläser und überhaupt alles, was sich kaputt schmeißen lässt, höre ich die Reaktion einer Mutter, die mich nicht mehr loslässt und nachdenklich macht. Sie sagt: ›Ich wollte, mein Kind würde jemals so etwas tun.‹«[12]

9.
»ZUSAMMEN SIND WIR STARK«
Partnerschaft

»Das Beste, was man seinem Kind antun kann, ist die gute Pflege der Beziehung zu seinem Partner. Dies wünschen sich Kinder am allermeisten.«
Jesper Juul

In diesem Kapitel erfahren Sie:

- welche Kraftquellen es für Ihre Partnerschaft gibt
- wie Sie sich als Paar gegenseitig stärken können
- wie wichtig Selbstfürsorge ist

Eltern berichten

I. Mir fiel die erste Zeit nach der Entbindung buchstäblich die Decke auf den Kopf und ich fühlte mich als Milchkuh, die alle zwei Stunden gemolken wird. Mein Partner hatte dafür überhaupt kein Verständnis, er arbeitete damals bis zu 12 Stunden täglich. Daher war er der Ansicht, dass ich für unser Kind und seine Bedürfnisse zuständig sei, denn ich stille das Kind und kenne es daher am besten...

Bettina, 36 Jahre

II. Wenn ich einmal wenigstens zwei Stunden für mich haben wollte, dann geriet mein Mann in Panik. Er hatte große Angst, mit dem Kleinen ganz allein zu sein, und weigerte sich, ihn länger als eine Stunde zu hüten. Ich hatte manchmal einen richtigen Lagerkoller und wollte nur weg, einmal etwas für mich tun, entspannen und abschalten. Dies führte zu einem großen Konflikt, den wir erst mit Hilfe meiner Eltern lösen konnten, die uns unseren Kleinen dann einmal die Woche abnahmen.

Andrea und Kevin, 40 und 46 Jahre

III. Ich fühlte mich nicht wahrgenommen und aufs Abstellgleis geschoben. Wir organisierten den Alltag, so gut es ging, hatten aber für nichts anderes mehr Kraft. Unsere Beziehung wurde zu einer Geschäftsbeziehung: Wer macht wann was? Das dauerte so mehrere Monate an, bis wir endlich eine Paartherapie machten.

Frank, 34 Jahre

IV. Seitdem Eric und ich uns gemeinsame Zeitinseln geschaffen haben, geht es uns nach der Geburt unseres Kindes besser. Wir gehen einmal die Woche essen und besprechen in angenehmer Atmosphäre, was uns bewegt. Als wir wenige Wochen nach der Geburt erfuhren, dass sich unser Kind nicht normal entwickeln würde, da brauchten wir dringend Rat und Hilfe. Ein Ehepaar aus unserem Bibelkreis betreute unser Kind einmal pro Woche für einige Stunden und hörte uns einfach zu, wenn wir nicht mehr weiter wussten. Später begleiteten sie uns auch zu verschiedenen Selbsthilfegruppen. Das hat uns wirklich geholfen.

Maja und Eric, 29 und 38 Jahre alt

Worum es geht: Alltag als Herausforderung für die Partnerschaft

Vielleicht leben Sie schon seit Jahren als Paar zusammen und haben sich im Alltag eingerichtet. Jeder hat seine Rolle und Aufgaben gefunden, die

9. KAPITEL

Verliebtheit ist verschwunden, aber Ihre Liebe ist bodenständiger geworden. Erste Konflikte wurden durchlebt und Sie wissen um die Stärken und Schwächen Ihres Partners. Aus Ihrer Zweisamkeit entstand eine Familie. Und jetzt haben Sie ein besonderes Kind, sei es als Geschwisterkind oder Einzelkind. Vielleicht sind Sie auch alleinerziehend oder leben in einer neuen Beziehung, sodass das Kind nicht bei beiden leiblichen Elternteilen aufwachsen kann.

Eltern mit einem beeinträchtigten Kind leben oft in besonderer Anspannung, sowohl psychisch als auch körperlich. Damit steigen die Anforderungen an das Paar, besonders in der Alltagsgestaltung. Die alltäglichen Herausforderungen stärken die Beziehung der Eltern mitunter, können aber auch zu Entfremdung führen.

Inzwischen ist es wissenschaftlich erforscht, dass viele Eltern ihr Leben mit einem beeinträchtigten bzw. chronisch kranken Kind trotz der Belastungen erfolgreich gestalten. Die meisten Paare bauen eine intensive positive Beziehung zu ihrem Kind auf, kennen seine Begabungen und Grenzen und integrieren es mitsamt der Herausforderungen in den Familienalltag.

Gut zu wissen: Gemeinsam statt einsam

Bei allen Eltern ändert sich durch die Geburt eines Kindes die bisherige Paarkonstellation von Grund auf. Nichts ist mehr so, wie es vorher war. Statt einer Zweierbeziehung gilt es nun, eine Dreierbeziehung zu leben, wobei das Kind mit seinen Bedürfnissen lange im Mittelpunkt steht.

Zeitmangel gehört zu einer großen Herausforderung der Partnerschaft, ebenso das Fehlen von Freiräumen und der Gesprächsbedarf, dem man oft nicht nachkommen kann.

Innerhalb der Paarbeziehung muss man sich ganz und gar aufeinander verlassen können, sei es bei der Betreuung und Pflege des Kindes, sei es bei der Entlastung und dem Auftanken der eigenen Ressourcen. Die Eltern sind dem neuen Familienmitglied zunächst »ausgeliefert«, denn sie kennen am Anfang weder seine Bedürfnisse noch alle Möglichkeiten, diesen nachzukommen. Aber man wächst gemeinsam in die Rolle als Mutter oder Vater hinein. Natürlich braucht dies seine Zeit, mit Höhen und Tiefen. Das Auf und Ab in dieser Phase ist völlig normal; es besteht kein Grund, an sich und seinem Partner zu zweifeln. Nehmen Sie Ihre Rolle an. Sonst entsteht ein Ungleichgewicht, was den Wachstumsprozess gefährdet. Auch der Vater sollte sich an der Pflege des Kindes beteiligen, statt sich auf eine eng festgelegte Rolle zurückzuziehen (siehe Kapitel 8).

Die ersten Monate mit einem Neugeborenen erfordern viel Kraft und Zeit. Bereits für »gewöhnliche« Eltern ist es herausfordernd, sich darauf einzustellen. Gehen Sie diese Aufgabe daher gemeinsam an, sei es als Paar oder im Rahmen eines familiären oder freundschaftlichen Netzwerkes. Mit der Geburt eines Kindes werden Sie Ihren Partner ganz sicher neu kennenlernen und neu entdecken!

Entwicklungspotenzial: Kraftquellen für Paarbeziehungen

Wie ein Paar gemeinsam Konflikte löst, hängt auch davon ab, wie es im Alltag miteinander umgeht. Geht es bei Konflikten aufeinander ein, unterstützt es sich oder denkt jeder nur an sich? Eine Paarbeziehung, die vertrauensvoll und von Zuneigung geprägt ist, erweist sich als Quelle gegenseitiger Unterstützung. Darauf weisen Wissenschaftler immer wieder hin.

Für eine gute Paarbeziehung haben sich folgende Fähigkeiten und unterstützende Faktoren als hilfreich und stabilisierend erwiesen. Kraftquellen und positive Energien sind:

- *Gute Kommunikation: Ansprechen von Problemen, Wertschätzung, Klarheit und direkte Ansprache, aufmerksames Zuhören.*
- *Zusammengehörigkeitsgefühl: Sich als Einheit erleben, Interesse und Teilnahme am Leben des Partners, Erleben von*

- *Intimität, emotionale Stärkung durch Anteilnahme.*
- *Die Fähigkeit, Probleme zu lösen: Probleme erkennen, ansprechen und gemeinsam lösen.*
- *Positive emotionale Stimmung: Humor, Optimismus, emotionale Stabilität, Wärme, Sorge um den Partner, Erleben von Wertschätzung, zuversichtliche Lebenseinstellung.*
- *Gemeinsame Glaubens- und Wertvorstellungen.*
- *Anpassungsfähigkeit: Die Fähigkeit, flexibel auf Unvorhergesehenes und unerwartete Herausforderungen des Alltags zu reagieren. Die Bereitschaft, starre Rollen von Vater/Mutter bzw. Ehemann/Ehefrau aufzuheben.*
- *Eigenständigkeit: Persönliche Interessen pflegen, Hobbys, Zeit für sich.*
- *Gutes Zeitmanagement: Zeit nur zu zweit, gemeinsame Unternehmungen, Zeit für sich.*

Viele Paare bringen eine Vielzahl dieser Fähigkeiten in das gemeinsame Leben mit einen besonderen Kind oder Familienmitglied mit. Wenn Sie sich die oben beschriebenen Fähigkeiten noch einmal anschauen, werden Sie entdecken, welche positiven Energien Sie bereits alltäglich in Ihrer Partnerschaft leben.

Schauen Sie auf diese Stärken und betrachten Sie das, was bisher nicht gelingt, als Herausforderung, die mit Unterstützung von außen gelingen kann. Festigen Sie Ihre Partnerschaft, indem Sie einige dieser Fähigkeiten bewusst anstreben, zum Beispiel indem Sie sich um eine positive Sicht auf den Partner bemühen oder den anderen bewusst wertschätzen. In anhaltenden Belastungssituationen können Sie so zusätzliche Kraftquellen mobilisieren, sich neu organisieren und eine neue Balance finden.

Es versteht sich auch hier von selbst, dass niemand alle Anforderungen zu jeder Zeit beherzigen kann. Häufig erfahren Paare durch die gemeinsame Bewältigung von Krisen eine Stärkung ihrer Partnerschaft und ihres Selbstbewusstseins. Sie wachsen über sich hinaus und entdecken an sich und ihrem Partner neue positive Eigenschaften und Stärken. Ihr Leben empfinden sie auch durch die Fürsorge für ihr Kind als sinnvoll. Diese Erfahrung wird häufig als persönlicher Gewinn erlebt.

Einfach mal nachgefragt:

- *Was tut Ihnen beiden gut?*
- *Stärken Sie Ihr Zusammengehörigkeitsgefühl? Welche gemeinsamen Aktivitäten und geteilten Aufgaben und Verantwortungen könnten den Zusammenhalt fördern?*

Von der Herausforderung zum persönlichen Gewinn: Stärkung der Partnerschaft

Um die Anforderungen und alltäglichen Beanspruchungen langfristig zu meistern, schlagen wir Ihnen vor, von Zeit zu Zeit eine Standortbestimmung Ihrer Paarbeziehung vorzunehmen:

Wie hat sich Ihre Beziehung seit der Geburt des Kindes entwickelt? Selten erfolgt die Verarbeitung einer neuen Situation durch Vater und Mutter parallel und identisch. Während der eine sich zurückzieht und kaum ansprechbar ist, bemüht sich der andere um soziale Kontakte. Der eine kümmert sich verstärkt um das Kind, der andere stürzt sich in die Arbeit und wird zuhause kaum gesehen. Zumeist reagieren Paare also sehr unterschiedlich; es kann zu Sprachlosigkeit, Schuldzuweisungen, Stress und Auseinandersetzungen kommen. Es ist keine Neuigkeit, dass es Männern häufig schwerer fällt, über sich und ihre Gefühle zu reden.

Stärken Sie Ihre Partnerschaft, indem Sie zunächst
eine Bestandsaufnahme vornehmen:

Stellen Sie sich beispielsweise folgende Fragen:

- *Wie steht es aktuell um Ihre Paarbeziehung? Gleichen Sie sich aus, ergänzen Sie sich, tauschen Sie sich aus, fühlen Sie sich*

> *wohl in Ihrer Rolle, gehen Sie respektvoll miteinander um, werden Meinungsverschiedenheiten fair ausgetragen und zu beider Zufriedenheit gelöst?*
- *Wie verhalten Sie bzw. Ihr Partner/Ihre Partnerin sich bei neuen Herausforderungen? Gibt es typische Verhaltensmuster, die immer wieder auftauchen?*
- *Wenn Sie unterschiedliches Verhalten feststellen: Können Sie die unterschiedliche Entwicklung verstehen bzw. akzeptieren?*
- *Welche Gemeinsamkeiten auf körperlicher, geistiger und emotionaler Ebene weisen Sie noch auf?*
- *Besitzen Sie ein gemeinsames Ziel, auf das Sie hinsteuern?*

Engagieren Sie sich für Ihre Partnerschaft

Nehmen Sie sich Zeit füreinander

Sie sind nicht nur Vater und Mutter, sondern auch Mann und Frau, also ein Paar. Das bedeutet gelegentliche Zweisamkeit ohne Kind. Planen Sie feste Zeiten ein, die ausschließlich Ihnen als Paar gehören. Halten Sie sich einen Abend in der Woche frei, an dem Sie ausgehen, etwas gemeinsam unternehmen, gemütlich essen, um miteinander zu reden.

Blockieren Sie diese Zeit in Ihrem Kalender und organisieren Sie die Kinderbetreuung durch einen Babysitter, Freunde oder Großeltern rechtzeitig. Diese gemeinsame Zeit gehört nur Ihnen und wird auf längere Sicht positive Energien freisetzen.

Nehmen Sie sich Zeit für Ihre Bedürfnisse und Gefühle

Vielen Menschen, die sich in schwierigen Lebenssituation befinden, ist das Gefühl für die eigenen Bedürfnisse abhanden gekommen.

Betreiben Sie daher »Selbstfürsorge«. Unternehmen Sie regelmäßig etwas, das Ihnen Spaß macht, Sie ablenkt und entspannt. Schaffen Sie sich kleine Erholungsinseln im Alltag. Bewegen Sie sich, das stärkt

Körper und Geist und hilft, abzuschalten. Erfüllen Sie sich kleine Wünsche, dies schafft Momente der Freude und Zufriedenheit.

Der Umgang mit Herausforderungen erfordert Zeit und Geduld. Nehmen Sie sich diese, um den Anforderungen des Alltags gerecht zu werden. Gestalten Sie das Familienleben so um, dass auf Dauer die Bedürfnisse aller Familienmitglieder berücksichtigt werden können. Dies kostet Energie, lohnt sich aber langfristig.

Nehmen Sie den Zustand Ihres Partners wahr

Sehen Sie auch einmal von sich und Ihren Bedürfnissen ab: Wenn Ihr Partner zu wenig auf sich achtet, dann erinnern Sie ihn daran, sich eine Auszeit zu gönnen. Sie werden sehen: Das tut ihm und Ihnen gleichermaßen gut.

Setzen Sie Grenzen

Grenzen setzen ist ein Akt der Selbstfürsorge. Damit Sie Grenzen setzen können, müssen Sie wissen, was Sie wollen bzw. was Ihnen wichtig ist. Um »Nein« zu sagen, sollten Sie die eigenen Bedürfnisse wahrnehmen. Wo man keine klaren Grenzen setzt, da werden sie auch nicht wahrgenommen. Überlegen Sie sich, wer oder was Ihre Grenze überschreitet und wo ein elementares Bedürfnis missachtet wird: Wobei und bei wem müsste ich *nein* sagen oder eine Grenze ziehen?

....

....

....

....

....

Wann und wo ist Ihr besonderes Kind grenzüberschreitend? Ist es ständig fordernd, akzeptiert es keinen privaten Bereich, wo missachtet es ständig Ihre Bedürfnisse (siehe Seite 124?

In welchen Bereichen sind Partner, Familienangehörige, Freunde oder der Chef grenzüberschreitend? Erteilen die Großeltern zum Beispiel oft ungefragt Ratschläge oder fordert die Selbsthilfegruppe zeitraubendes Engagement? Sind Sie überall und immer erreichbar?

Verteidigen Sie Ihre Bedürfnisse und formulieren Sie klar und deutlich Ihr Anliegen. Es kann passieren, dass Sie dann auch einmal ins Fettnäpfchen treten oder auf Unverständnis stoßen. Wenn es Ihnen wichtig ist, den Tag in Ruhe ausklingen zu lassen, dann gewöhnen Sie Ihr Kind daran, zu einer festgelegten Zeit im Bett zu sein und dort zu bleiben.

Nach einigen Kämpfen gelingt das. Zeitgleich sollten Sie telefonisch nicht erreichbar sein. Verteidigen Sie Ihre Bedürfnisse und Ihre persönlichen Grenzen.

Wie gelingt es, das Zusammenleben positiv zu prägen und Belastungen in den Hintergrund zu drängen?

Jeder Mensch braucht positive emotionale Rückmeldungen. Wo diese fehlen, da entsteht zusätzlicher Stress. Es hilft, wenn Sie einander gelegentlich sagen, wie lieb sie sich haben und was Sie am anderen schätzen. Eine »Komplimentendusche« bewirkt Wunder. Das geht auch mit Blumen…

Es hilft, sich selbst einmal zu sagen, dass man sich liebt und wertschätzt, auch wenn man sein Kind soeben angeschrien hat und sich dafür schämt.

Von der Herausforderung zum persönlichen Gewinn: Partnerschaft als Kraftquelle

Eine aufbauende Partnerschaft ist eine wichtige Kraftquelle, um die Herausforderungen des Alltags zu bewältigen. Folgende Stärken helfen dabei besonders:

- *Verlässlichkeit.*
- *Klare und eindeutige Festlegung der Aufgaben, die jeder Partner übernimmt. Halten Sie die Vereinbarungen schriftlich fest.*
- *Gegenseitige Anerkennung und Wertschätzung bei den anfallenden Aufgaben.*
- *Offene, konstruktive Gespräche über die eigenen Befindlichkeiten.*
- *Die Bereitschaft, eigene Sichtweisen zu hinterfragen.*
- *Einsicht in die Notwendigkeit, Konflikte mit Hilfe von Kompromissen zu lösen.*
- *Humor und Optimismus als wichtige Antriebsfeder in vielen Lebenslagen.*

Wenn die Partnerschaft scheitert

Unter Umständen scheitert die Ehe oder Partnerschaft und es folgt die Trennung.

Die Scheidungsrate bei Eltern eines beeinträchtigten bzw. chronisch kranken Kindes liegt deutlich über dem Durchschnitt. Kommt es zur Trennung, dann sind die Gründe hierfür allerdings nicht ausschließlich in der Herausforderung des Zusammenlebens mit dem behinderten oder chronisch kranken Familienmitglied zu suchen. Manches Mal ist die Behinderung der letzte Anstoß, eine bereits kriselnde Beziehung zu beenden. Zumeist übernimmt dann die Mutter die Pflege des Kindes, während der Vater zum Wochenend-Vater oder Teilzeit-Vater wird und nur wenig in den Alltag eingebunden ist. Für diesen Fall (und nicht erst dann...) kann es hilfreich sein, sich an eine Eheberatungsstelle zu wenden. Hier finden Sie eine Liste von Eheberatungsstellen: *Deutsche Arbeitsgemeinschaft für Jugend und Eheberatung e. V. (DAJEB), Bundesgeschäftsstelle, Neumarkter Str. 84 c, 81673 München, Telefon 0 89/4 36 10 91, www.dajeb.de/beratungsfuehrer-online/beratung-in-ihrer-naehe/*

Ein Text für stille Momente

Dass die Vögel der Sorge und des Kummers über deinem Haupt fliegen, kannst du nicht hindern. Doch kannst du verhindern, dass sie Nester in deinem Haar bauen.

Chinesisches Sprichwort

10.

»IMMER STEHT MEIN BRUDER IM MITTELPUNKT«

Geschwisterkinder

»Aber da ist noch die andere Geschichte, die Geschichte vom kleinen Glück, vom Lachen und von der Freude, vom Stolz auf das Gemeinsame, von der unverbrüchlichen Liebe. Und die Geschichte von der Einzigartigkeit der Schwester und des Bruders, den oder die man nie missen möchte.«[13]

Andrea Fischer

In diesem Kapitel erfahren Sie:

- warum Geschwister wichtig sind
- etwas über die Bedeutung des Gleichgewichts innerhalb der Familie
- wie wichtig die Aufklärung über die Behinderung des Geschwisterkindes ist
- warum Konflikte unter Geschwistern normal sind
- wie Eltern die nicht behinderten Geschwister unterstützen können
- Nachdenkliches zu einer erneuten Schwangerschaft

Geschwister und Eltern berichten

I. Meine große Schwester Kira ist Autistin. Ich liebe Sie sehr. Aber als ich klein war, habe ich oft nicht verstanden, warum unsere Eltern ihretwegen oft besorgt waren. Alles drehte sich um sie. Oft war ich wütend auf sie, weil sie nur an sich denkt. Ich hätte mir auch oft eine große Schwester gewünscht, die mit mir spielt und mit der ich auch mal was aushecken kann, aber das war mit Kira nicht möglich.

Paul, 17 Jahre

II. Unser mittlerer Sohn Karl ist geistig behindert und beide Geschwister, die älteste Tochter und der jüngste Sohn, mussten häufig zurückstecken, da wir viel Zeit und Kraft bei der Erziehung und Förderung von Karl gelassen haben. Es war gut und wichtig so, aber dass die beiden anderen Kinder oft zu kurz kamen, müssen wir eingestehen und zugeben, auch den Geschwistern gegenüber. Der Vorteil – wenn man das so nennen kann – ist aber, dass die anderen Kinder sehr selbständig wurden. Für uns als Eltern ist es wichtig, diese Dinge ehrlich zu benennen und nicht zu vertuschen!

Marion und Klaus, 45 und 48 Jahre

III. Wir hatten bei der Erziehung unserer vier Kinder von Anfang an ein starkes Ungleichgewicht zu verzeichnen, da unser ältester Sohn Sven behindert ist. Drei Jahre nach seiner Geburt kam die erste Schwester Alina, vier Jahre später die zweite Schwester zur Welt und anschließend noch ein Bruder.

Die drei jüngeren Geschwister hatten also keinen großen Bruder im üblichen Sinn, der für sie ein Vorbild gewesen wäre. Eine Auswirkung dieser Konstellation ist, dass die beiden Jüngsten sehr selbstständig und selbstbewusst wurden, da sie viel mehr Freiheiten hatten als ihre große Schwester Alina. Alina wurde von uns regelrecht überbehütet, da wir die verlangsamte und zögerliche Entwicklung unseres Ältesten noch vor Augen hatten.

Anne und Helmut, 37 und 51 Jahre

Worum es geht: Die Rolle von Geschwistern

Geschwister sind für die Persönlichkeitsentwicklung eines Menschen von großer Bedeutung. Sie bleiben ein Leben lang durch die gemeinsame Geschichte miteinander verbunden, auch wenn sie getrennte Wege gehen oder der Kontakt später abflaut. Das Zusammenleben in der Kinderzeit hat einen prägenden Einfluss. Geschwister beeinflussen sich mehr, als Eltern vermuten. Oft sind sie Vorbilder für das besondere Kind, und sie besitzen auf geheimnisvolle Weise eine besondere Form der Verständigung untereinander.

Doch es gibt auch eine Kehrseite der Medaille: Geschwister bekommen oft zu wenig Aufmerksamkeit, denn das beeinträchtigte Kind steht oft im Mittelpunkt des Interesses. Viele der Aktivitäten sind auf seine Bedürfnisse ausgerichtet. Zuerst wird häufig danach gefragt, wie es *ihm* geht, was *es* braucht, wie *es* gefördert werden kann. Da bleibt wenig Zeit für die Geschwister und die Eltern sind oftmals froh, wenn sie von anderen Familien zu Freizeitaktivitäten eingeladen werden.

Das besondere Kind bündelt Aufmerksamkeit, Zuwendung sowie zeitlichen und finanziellen Aufwand. Der Alltag der Geschwister ist daher geprägt durch besondere Belastungen wie:

- *Frühzeitige Mitverantwortung.*
- *Beteiligung an der Pflege und Betreuung ihres Geschwisters.*
- *Einschränkungen eigener Bedürfnisse.*
- *Weniger Zuwendung von den Eltern.*
- *Auseinandersetzungen mit den Reaktionen der Umwelt auf die Behinderung.*

Geschwisterkinder sind oft sensibel, sie erleben die Sorgen ihrer Eltern hautnah mit und wissen, dass sie »funktionieren« müssen, damit das Familiengefüge im Gleichgewicht bleibt.

Gut zu wissen:
Die Bedeutung des Gleichgewichts innerhalb der Familie

Wie in fast allen Lebensbereichen ist es wichtig, auch hier ein Gleichgewicht in der Beziehung der Familienmitglieder untereinander anzustreben. Der Vater des abendländischen Mönchtums, Benedikt von Nursia, lehrte das »Maß der Mitte«, eine weise und gesunde Lebensweisheit. In den meisten Familien bleibt dies allerdings ein frommer Wunsch, denn ein absolutes Gleichgewicht herzustellen, ist nahezu unmöglich. Das Leben mit einem besonderen Kind schafft in jedem Fall ein Ungleichgewicht, da seine Bedürfnisse immer »anders« sind und immer aus der Reihe tanzen. Dies zu bewältigen, ja auszubalancieren, ist eine Herausforderung, die zu einem großen Gewinn werden kann, wenn folgendes beachtet wird:

- *Die Anliegen der einzelnen Familienmitglieder im Blick behalten.*
- *Die Bedürfnisse aller haben den gleichen Stellenwert.*
- *Vergleiche mit anderen Familien vermeiden, auch anderswo gibt es Probleme, die aber oft nur weniger offensichtlich sind.*
- *Die Aufgabe, die uns gestellt wurde, annehmen und – unserer Erfahrung nach am besten mit Gottes Hilfe – bewältigen. Das bedeutet für uns, dass wir nicht allein durch Höhen und Tiefen wandern.*

Die eigenen Bedürfnisse mit denen der anderen Familienmitglieder in Einklang zu bringen, ist natürlich ein Balanceakt. Dazu bedarf es der Achtsamkeit und einer wertschätzenden und wohlwollenden Grundhaltung allen Familienmitgliedern gegenüber. Es gilt, die Gefühle und

Bedürfnisse aller – auch die eigenen – im Blick zu behalten. Wenn jeder wahrgenommen wird, stärkt das den Zusammenhalt und die Lebensfreude.

Die Erfahrung, dass es immer ein Licht am Ende des Tunnels gibt, haben wir übrigens mit allen drei Kindern erfahren dürfen. Es gab bei allen Kindern Phasen, die viel Einsatz, Liebe und Energie erforderten. Rückblickend haben wir die Gewissheit, dass jede schlaflose Nacht und jedes graue Haar der Mühe wert war.

Verbreiteter Irrtum: »Geschwister interessieren sich nicht für die Behinderung und müssen darüber nicht informiert werden«

Im Alltag erleben Geschwister beeinträchtigter Kinder oft, was es bedeutet, häufig Unterstützung zu benötigen oder mit gesundheitlichen Einschränkungen zu leben. Oft genug werden sie mit einbezogen in die Betreuung, sollen rücksichtsvoll sein, frühzeitig Verantwortung übernehmen und Einschränkungen selbstverständlich akzeptieren.

Außerhalb des »geschützten Raumes« Familie erleben sie die gesellschaftliche Realität von Ausgrenzung, oft sogar Ablehnung, von behinderten Menschen. Tagtäglich bekommen sie Blicke mit, die ihre besonderen Geschwister taxieren und einordnen. Manche schämen sich in dieser Situation, manche reagieren mit Wut. Bei anderen weckt diese Erfahrung Widerstandsgeist und Engagement. Sie setzten sich verstärkt für das Geschwisterkind ein, verteidigen es und werden so früher reif und durchsetzungsfähig.

Leider versäumen es Eltern oft, über die Art, Entwicklung und das Ausmaß der Behinderung zu sprechen, obwohl es die gesunden Kinder sehr interessiert. Psychologen vergleichen diese Zurückhaltung der Eltern mit der Scheu, die Kinder in Sachen Sexualität aufzuklären.

Ein wichtiger Grund, Geschwister mit »ins Boot zu holen«, besteht darin, auf Fragen oder Aussagen der »Außenwelt« reagieren zu können und Situationen durchzuspielen. Auf die Aussage: »Deine Schwester ist blöd!« könnte die Antwort beispielsweise lauten: »Nein, sie ist nicht blöd, sondern sie hat das Down-Syndrom.« Das ist eine wertschätzende und keine abwertende Aussage. In unserem Umfeld gab es öfter die Frage an unsere Tochter, der man ihre Behinderung nicht ansieht: »Wann haben Sie denn Abitur gemacht?« Die Antwort unserer Familie lautete dann: »Unsere Tochter (bzw. Schwester) hat etwas sehr Sinnvolles und Praktisches gelernt: für alte Menschen zu kochen und sich mit ihnen zu beschäftigen!« (Inzwischen arbeitet sie in einer Werkstatt.) Diese Antwort hat unserer Tochter oft ein Lächeln entlockt und sie sehr stolz gemacht.

Verbreiteter Irrtum: »Eltern behandeln alle Kinder gleich«

Diese Aussage stimmt schon bei sich »normal« entwickelnden Kindern nicht: Jedes Kind hat andere Fähigkeiten und Bedürfnisse, auf die Eltern unterschiedlich eingehen sollten. Das ist völlig normal, denn Zuwendung und Unterstützung kann man nicht so gerecht aufteilen wie eine Tafel Schokolade. Normal und verständlich ist auch, wenn Mutter und Vater sich intensiv um das beeinträchtigte Kind kümmern. Trotzdem ist es wichtig, dass Eltern auch auf die Anliegen der anderen Kinder eingehen und die unterschiedlichen Bedürfnisse wahrnehmen, Benachteiligungen entdecken und ihre Aufmerksamkeit halbwegs ausgewogen verteilen. Nehmen Sie zum Beispiel Familienentlastende Dienste in Anspruch, um mit dem Geschwisterkind etwas alleine zu machen, während das besondere Kind betreut wird.

Die nicht behinderten Geschwister sind keine Ersatzeltern oder Therapeuten, sie sind Kinder mit eigener Persönlichkeit und eigenen Bedürfnissen, die es zu berücksichtigen gilt, auch wenn das »Sorgenkind« oft im Zentrum der Aufmerksamkeit steht. Häufig erwarten Eltern von ihren gesunden Kindern ein hohes Maß an Rücksichtnahme und Einfühlungsvermögen. Das hat unterschiedliche Auswirkungen auf die Geschwisterkinder, da auch sie unterschiedliche Charaktere besitzen.

Unser jüngster Sohn beispielsweise forderte schon in jungen Jahren lautstark die Aufmerksamkeit ein, die er benötigte, war durchsetzungsfähig und übernahm früh Verantwortung in Schule und Freizeit.

Eine absolute Gleichbehandlung gibt es nirgendwo, in keiner Familie, nicht in Schule und Gesellschaft. Wir haben – trotz guten Willens – häufig die Bedürfnisse unserer Kinder missverstanden oder nicht wahrgenommen, ihnen Unrecht getan und sie über- oder unterfordert. Jetzt, da sie erwachsen sind, konnten wir einige Dinge gemeinsam mit unseren Kindern aufarbeiten und vor allem: sie dabei um Verzeihung bitten. Das ist die Voraussetzung für den Neubeginn einer gelingenden Eltern-Kind-Beziehung auch im Erwachsenenalter.

Verbreiteter Irrtum:
»Konflikte zwischen Geschwistern sind zu vermeiden«

Rivalität unter Geschwistern ist völlig normal. Gibt es jedoch ein beeinträchtigtes Kind in der Familie, so darf es keine offene Rivalität geben, so die Überzeugung vieler Eltern. Aber was ist, wenn der behinderte Paul seinem Bruder immer wieder den Turm zerstört? Auch beeinträchtigte Kinder haben ihren eigenen Kopf und dürfen liebevoll in ihre Schranken gewiesen werden. Es sollte keinen ständigen »Behinderten-Bonus« geben. Bei nicht behinderten Kindern kann diese ständige Rücksichtnahme zu unterdrückten Aggressionen oder zu Überanpassung führen: sie wollen es dann immer allen recht machen.

Gut zu wissen:
Keine Sorge um die Entwicklung von Geschwisterkindern

Auch wenn das Zusammenleben für die meisten Geschwister eine große Belastung ist, können sie nicht als »behinderte Geschwister« betrachtet werden. Wissenschafter konstatieren:

»Die Ergebnisse der Risikoforschung machen deutlich, dass – entgegen der von vielen Eltern gehegten Befürchtung – Geschwister behinderter oder chronisch kranker Kinder in ihrer Entwicklung nicht generell gefährdet sind. Die meisten Kinder kommen gut mit den Anforderungen zurecht, die sich aus dem Zusammenleben mit einem behinderten oder chronisch kranken Geschwister ergeben.«[14]

Entwicklungspotenzial:
Was Eltern bei Geschwisterkindern tun können

Die Art, wie Vater und Mutter mit der Behinderung ihres Kindes umgehen, wie sie es annehmen oder ablehnen, ihm herzlich, selbstverständlich oder übertrieben, aggressiv oder hilflos begegnen, beeinflusst das Verhalten der Geschwisterkinder. Die Kinder kommen am besten mit der Situation zurecht, wenn sie erleben, wie souverän und gelassen ihre Eltern damit umgehen – was natürlich längst nicht immer gelingt.

Wissenschaftler haben festgestellt, dass es drei Möglichkeiten gibt, wie Eltern sich und die nicht behinderten Geschwister unterstützen können:

- *Erklären Sie in angemessener Form (kindgemäß), warum das besondere Geschwisterkind aktuell besondere Zuwendung braucht. Wenn es sich ergibt, können Sie dabei auch auf die medizinischen Grundlagen zu sprechen kommen.*
- *Schaffen Sie Raum für die Geschwisterkinder, ohne Angst und Schuldgefühle Ärger und Enttäuschung über ihren besonderen Bruder oder ihre Schwester auszudrücken.*
- *Suchen Sie Unterstützung, um Ihre Schuldgefühle und Zweifel über eventuelle Ungleichbehandlung der Geschwister anzusprechen und zu verändern.*

Trotz allem ahnen die meisten Eltern, dass Geschwisterkinder oft mit Sorgen belastet werden, für die sie noch zu jung sind, und dass man gegen dieses Gefühl wenig machen kann.

Wenn Eltern einige dieser Anregungen befolgen und den nicht behinderten Kindern genügend Aufmerksamkeit und Zeit widmen, besteht eine große Chance, dass sich Geschwisterkinder gut und eigenständig entwickeln. Je selbstsicherer und unabhängiger die Kinder sind, desto besser können sie ihre Geschwister mit Handicap akzeptieren und das Zusammenleben mit einem besonderen Menschen als persönliche Chance für die eigene Entwicklung nutzen. Bewährt haben sich auch Angebote für Geschwisterkinder, bei denen sie sich untereinander austauschen können.

Einfach mal nachgefragt:

- *Würdigen Sie das fürsorgliche Engagement des Kindes für sein beeinträchtigtes Geschwisterkind?*
- *Welche besonderen Qualitäten kommen durch das besondere Kind in Ihre Familie?*
- *Übernimmt das »gesunde« Kind freiwillig zu viel Verantwortung?*

Von der Herausforderung zum persönlichen Gewinn: Die Chancen des Zusammenlebens

Geschwister reagieren sehr unterschiedlich auf das Zusammenleben mit einem besonderen Geschwisterkind. Durch die Gemeinschaft werden sie oft in ihrer sozialen und emotionalen Entwicklung positiv gestärkt:

- *Sie werden lebenspraktischer, selbstbewusster und sozial engagierter.*
- *Sie entwickeln ein großes Einfühlungsvermögen.*
- *Die besondere Familienkonstellation bietet auch eine Chance: Wenn die Eltern größtenteils konstruktiv und bejahend mit den Herausforderungen des Lebens umgehen, prägt das auch Geschwisterkinder positiv in ihrer Entwicklung.*

Vergessen Sie die Freude nicht

Familienalltag sollte nicht nur von Therapien oder Fördermaßnahmen bestimmt sein. Die Gestaltung des Alltags mit der ganzen Familie kann aufbauend und kraftstärkend sein, wenn Sie die Aufmerksamkeit darauf richten, was zusammen Spaß macht und wo Freude erlebt wird. Sie können etwas gemeinsam tun, indem Sie Lieder singen, ein Bilderbuch anschauen oder am Nachmittag zusammen backen, um am Abend festzustellen: Trotz angebrannter Plätzchen und Chaos in der Küche war es ein schöner Tag und wir hatten Spaß miteinander. Solche Familienaktivitäten machen Freude, fördern den Zusammenhalt und geben Kraft, sodass das Familienleben gelingt.

Kurz & knapp

Die Beziehung Eltern – Geschwisterkinder

Im Umgang mit den Geschwisterkindern reagieren Eltern oft unterschiedlich:

Es gibt die **Überbehütung** der Geschwister, aus Angst, ihnen könnte ebenfalls etwas zustoßen. Und es gibt die **Verwöhnung**, da die Eltern meinen, etwas ausgleichen zu müssen. Eine dritte Möglichkeit ist die **Vernachlässigung**. Die Eltern investieren alle Zeit und Kraft in das Kind mit Beeinträchtigungen und vernachlässigen so die Bedürfnisse und Anliegen der Geschwister.

Die Forschung hat festgestellt, dass es unwichtig ist, wie viel Zeit Sie mit dem Geschwisterkind zubringen. Wichtig ist vielmehr die Qualität der gemeinsamen Zeit. Zum Beispiel könnten Sie wöchentlich zwei Stunden reservieren für das gemeinsame Vater-Sohn-Fußballspielen oder einen exklusiven »Mädelsabend«.

Ermutigung von anderen Eltern

In unseren Interviews mit Eltern von Kindern mit Behinderung haben wir folgende Aussagen gehört:

- *Nehmen Sie die Fortschritte der Geschwisterkinder wahr und freuen Sie sich daran.*
- *Seien Sie dankbar für die »normale« Entwicklung des anderen Kindes und wertschätzen Sie diese als besonderes Geschenk.*
- *Nehmen Sie sich – ohne Gewissensbisse dem besonderen Kind gegenüber – Zeit für die Geschwister.*
- *Erkennen und thematisieren Sie im Kreis der Familie Eifersucht und Benachteiligung – ohne Vorwürfe.*

Mehr Informationen

Informationen zu den relevanten **Internetportalen** zum Austausch, für Elternseminare und Vorträge zur Geschwisterthematik (sowie Literaturtipps für Geschwister, Eltern und Fachkreise oder auch Buchbesprechungen) gibt es auf der Website *www.stiftung-familienbande.de* der Novartis Stiftung FamilienBande. Kontakt: *Telefon 0 77 62/8 19 90 00, E-Mail info@stiftung-familienbande.de*

Elternratgeber über Geschwisterkinder: Isolde Stanczak und Andreas Podeswik haben den Ratgeber *Ich bin auch noch da* für Eltern zum Thema Geschwisterkinder verfasst: *www.bunter-kreis-deutschland.de/fileadmin/user_upload/files/Broschueren/Elternratgeber.pdf*

Für erwachsene Geschwister: Das »GeschwisterNetz« ist ein soziales Netzwerk, das Kontaktmöglichkeiten für erwachsene Geschwister behinderter Menschen bietet: *www.geschwisternetz.de*

Gut zu wissen: Sollen wir nach unserem besonderen Kind noch weitere Kinder bekommen?

Ist die Ursache für die Behinderung unbekannt, kann eine genetische Beratung im Einzelfall weiterhelfen, um eine Entscheidung für ein weiteres Kind zu treffen. Wer eine erneute Schwangerschaft nach einem beeinträchtigten Kind wagt, ist zwischen Hoffen und Bangen hin- und hergerissen und pränatale Untersuchungen werden zu nervenaufreibenden Terminen. Andererseits bedeutet eine weitere Schwangerschaft auch, Hoffnung, Zuversicht und Vertrauen ins Leben zu haben.

Kommt ein gesundes Kind nach dem behinderten zur Welt, erfahren Eltern es als besonderes Geschenk, weil für sie vieles nicht mehr »normal« und selbstverständlich ist. Ob Wunschkind oder nicht, die meisten Eltern freuen sich, nach dem besonderen Kind noch einen Sohn oder eine Tochter aufwachsen zu sehen und sich nicht nur auf die Behinderung zu fixieren.

Für uns stand immer fest, dass wir uns noch weitere Kinder wünschen. Wir haben keine genetischen Untersuchungen unternommen und diesen Schritt auch nicht bereut. Im Gegenteil, auch für unsere besondere Tochter ist es ein Geschenk, zwei lebhafte Brüder zu haben und nicht ständig im Mittelpunkt elterlicher Aufmerksamkeit zu stehen.

Persönliche Stärke erfahren

- Ich empfinde das gesunde Kind als besonderes Geschenk.
- Ich habe die Gefühle und Bedürfnisse meiner Familie im Blick.
- Ich bin um Ausgleich bemüht, daher brauchen mich keine Schuldgefühle plagen.

10. KAPITEL

Ein Text für stille Momente

Mein Bruder kommt vom anderen Stern.
Ich hab ihn trotzdem gern.
Nehme ihn in den Arm,
halte ihn ganz warm.
Denn ich habe meinen Bruder gern,
doch der kommt von einem anderen Stern.

Unbekannter Verfasser

11.

»FÖRDERN WIR UNSER KIND AUSREICHEND?«
Wieviel Förderung braucht unser Kind?

»Wer nicht handelt, wird behandelt.«

In diesem Kapitel erfahren Sie:

- was viele Eltern sich von Therapien erhoffen
- wie Sie die »richtige« Therapie finden können
- dass es auch ein Zuviel an Förderung gibt
- wie der Umgang mit Fachpersonal gelingt
- dass Eltern keine Hilfstherapeuten sind

Eltern berichten

I. Unser Max wurde mit einer starken Körperbehinderung geboren. Von Anfang an wurde uns gesagt, dass wir mit Hilfe von verschiedenen Therapien viel erreichen könnten. Nach über drei Jahren waren wir jedoch auf allen Ebenen völlig ausgebrannt – durch den Wusch, immer mehr und immer bessere Therapien auszuprobieren. Wir konnten unserem Sohn und uns selbst in keiner Weise mehr gerecht werden. Auch auf finanzieller Seite waren wir ausgebrannt, denn viele Therapien übernahm unsere Krankenkasse nicht.

Jetzt beschränken wir uns auf zwei Anwendungen beim Physiotherapeuten, die Max gerne macht und die von der Kasse bezahlt werden. Damit geht es uns allen wesentlich besser!

Andrea und Kevin, 40 und 46 Jahre

II. Unser Sohn hat einen genetischen Defekt mit geistiger Behinderung und unterschiedlichen Verhaltensstörungen. Es gibt ja einen richtigen Therapiemarkt: Es wird so viel angeboten, dass man kaum durchblickt. Die Großeltern haben von einer tollen Therapie gehört und in der Selbsthilfegruppe weiß einer, was dem Kind gut tut. Die richtige Therapie und dazu noch den richtigen Therapeuten zu finden, ist kompliziert und sehr zeitaufwändig. Ich würde sagen, da, wo sich das Kind wohlfühlt und man ein gutes Bauchgefühl hat, da ist man richtig. Und weniger ist oft mehr.

Frank, 34 Jahre

Worum es geht: Eltern haben eine klare Vorstellung davon, was eine Therapie leisten soll – sie soll die »Störung« beseitigen

Der Alltag mit einem beeinträchtigten oder chronisch kranken Kind wird häufig bestimmt durch Frühförderung, Krankengymnastik, Therapien, Arztbesuche und Untersuchungen bei Fachspezialisten. Ein Termin jagt den anderen, will man doch dem Kind die bestmögliche Therapie und Unterstützung zuteil werden lassen und nichts versäumen. Dadurch setzen sich viele Familien sehr unter Druck, was zu Belastungen und Erschöpfung führen kann. Es ist nicht leicht, die richtige Balance zu finden zwischen Therapien und Fördermaßnahmen und dem nötigen Freiraum für das Kind, die Familie und sich selbst.

Vermeiden Sie es, das alltägliche Zusammenleben und Spielen mit Ihrem Kind ausschließlich unter dem Aspekt der Förderung zu sehen.

Sie bauen dabei viel Druck und Erfolgszwang auf. Sie sind trotz aller Förderung zuerst Mutter und Vater und nicht Physiotherapeut, Logopäde oder Ergotherapeut. Häufig werden Eltern sofort mit medizinischen, pädagogischen, psychologischen und therapeutischen Forderungen konfrontiert und belastet. Geben Sie den größten Teil dieser Aufgaben an die Fachleute ab.

Verbreiteter Irrtum: »Viele Therapien helfen viel«

In der Frühphase der Behinderung besteht oft die Neigung, für jedes Problem eine spezielle Therapie zu suchen. Der ausufernde Therapiemarkt bietet ja ein großes Angebot an Fördermaßnahmen. Nicht selten kommt es zu drei bis fünf unterschiedlichen Therapien pro Woche, nach dem Motto: »viel hilft viel«. Eine solche Häufung an Terminen führt zu großen zeitlichen und seelischen Belastungen der ganzen Familie. Hierbei wird die Grenze der Zumutbarkeit für Kind, Eltern und Geschwister oft überschritten.

Gerade bei Kindern mit mehrfachen Beeinträchtigungen suchen Eltern nach neuen und weiterführenden Therapien, wobei es oft schwierig ist, die richtige herauszufinden. Sich widersprechende Auskünfte von Fachleuten zum Thema Therapie und Förderung verunsichern Eltern. Sie orientieren sich oft an Erfolgsberichten in Medien, besonders im Internet und in Elterngruppen.

Dabei gilt es zu bedenken, dass eine Verallgemeinerung von Erfolgsaussichten unmöglich ist, da jedes Kind einmalig ist. Eine unkritische Therapieauswahl kann zu großen zeitlichen und finanziellen Belastungen führen. Immer wieder wird in Medien, aber auch von Freunden und Bekannten, auf »sensationell erfolgreiche« Förderungen oder Therapien aufmerksam gemacht, die besondere Fortschritte versprechen. Eltern sind versucht, nach jeder erfolgversprechenden Therapie- oder Fördermöglichkeit zu greifen, auch wenn sie sich selbst und ihre Familie damit hoffnungslos überfordern. Es gibt mittlerweile aber zahlreiche Ärzte, die vor Überforderungen warnen und die Situation der ganzen Familie im Blick haben.

> **Persönliche Stärke erfahren**
>
> - Ich erkenne an, dass Therapien kein Allheilmittel sind.
> - Ich akzeptiere die Behinderung des Kindes und die Grenzen eigener Hilfsmöglichkeiten.

Von der Herausforderung zum persönlichen Gewinn: Welche Förderung ist die passende?

Im »Therapiedschungel« sind Eltern und Fachleute aufgrund des unüberschaubaren Angebots an Therapien und Förderungen häufig verunsichert. Deshalb ist eine Chancen- und Risikoabwägung stärker gefragt denn je. Bereits bei der Frühförderung gibt es unterschiedliche Therapiemethoden, die sich auf die Sensorik, Motorik und Sprache beziehen. Neben dem Zugewinn an Fähigkeiten und Wissen sollte aber auch die Entwicklung des Selbstwertgefühls des Kindes im Mittelpunkt von Therapie und Förderung stehen.

Welches ist die richtige Förder- und Therapiemethode? Eine Übersicht der gängigsten Therapien hat die *Lebenshilfe* in einem Buch zusammengestellt, das Grundinformationen liefert und die eigene Positionsfindung anregt: Bundesvereinigung Lebenshilfe (Hg.): *Das Gras wächst nicht schneller, wenn man daran zieht – Therapiemethoden und Förderansätze für Menschen mit Behinderungen. Orientierung und Überblick für Eltern und Mitarbeiter(innen).* Lebenshilfe-Verlag, Marburg 2006

11. KAPITEL

Vor der Auswahl einer Therapie- oder Fördermaßnahme sollten Sie folgende Überlegungen anstellen und das Für und Wider einer bestimmten Therapie oder Förderung prüfen:

- *Welche Behandlungsweise und welcher Zeitaufwand passen zu Ihrem Lebenskonzept und Alltagsrhythmus?*
- *Was erwarten Sie konkret von den Fördermaßnahmen im Alltag für sich und Ihr Kind?*
- *Welche Vorteile im Alltag mit Ihrem Kind erwarten Sie von der Förderung?*
- *Werden Sie und Ihr Kind als selbständige Individuen respektiert oder nur als Objekte von Therapeuten?*
- *Zahlt die Krankenkasse oder die Eingliederungshilfe? Sind Sie Selbstzahler?*
- *Ist die Therapie den finanziellen und zeitlichen Einsatz wert?*

Kurz & knapp

Gehen Sie mit Gelassenheit, Geduld und Sorgfalt an die Auswahl der vielfältigen und »angesagten« Therapie- und Förderangebote heran. Auch wenn eine Maßnahme durchaus sinnvoll erscheint: Zu viele Therapien können sich nachteilig auswirken. Ihr Familienleben sollte nicht einem permanenten Förderanspruch ausgesetzt sein.

Überprüfen Sie Ihren Therapiealltag: Welche Fördermaßnahmen sind zur Belastung geworden und überfordern Sie?

Sie sind nicht in erster Linie Mit-Therapeuten, sondern vor allem Mutter und Vater.

Gut zu wissen:
Partnerschaftlicher Umgang von Eltern und Fachleuten

Ein wichtiges Kennzeichen für die Qualität der Therapie und Förderung ist eine gute Beziehung zwischen Eltern und Spezialisten sowie ein partnerschaftliches Zusammenwirken. Voraussetzung dafür ist ein respektvoller und offener Umgang miteinander.

Wie verläuft die Zusammenarbeit mit medizinischen, therapeutischen und psychosozialen Fachdiensten?

- *Werden Sie gründlich über die Behinderung bzw. chronische Krankheit Ihres Kindes und deren Therapiemöglichkeiten informiert?*
- *Erhalten Sie eine konkrete Prognose?*
- *Werden die Methoden und Ziele der Therapie klar beschrieben und vermittelt?*
- *Erfahren Sie Verständnis oder Mitgefühl für Ihre Situation?*
- *Fühlen Sie sich wahr- und ernstgenommen?*
- *Erhalten Sie praxisnahe Ratschläge für den Umgang mit Ihrem Kind und seine Förderung?*
- *Fühlen Sie sich entlastet, wenn Fachleute die Förderung des Kindes übernehmen, mobile Dienste bei seiner Versorgung und Pflege helfen oder besondere Betreuungsangebote gemacht werden?*

Bei Konflikten mit Therapeuten und Ärzten

- *Empfinden Sie die Kooperation mit Fachleuten als »fürsorgliche Belagerung« bzw. als Eingriff in Ihre Privatsphäre oder als Hinterfragen Ihrer pflegerischen und erzieherischen Tätigkeiten?*
- *Können Sie manche Ratschläge nicht annehmen, weil Sie andere Werte und Einstellungen haben?*

- *Fühlen Sie sich bevormundet?*
- *Erleben Sie das System von medizinischen und psychosozialen Diensten, von Verwaltung und Behörden als schwer durchschaubar und zu bürokratisch?*

Verbreiteter Irrtum: »Eltern sind Hilfstherapeuten«

Für Eltern kann es eine große Belastung sein, wenn Therapeuten sie als »Hilfstherapeuten« bei der Behandlung ihres Kindes einsetzen. Womöglich erhalten sie genaue Direktiven, welche heilpädagogischen oder therapeutischen Übungen sie zuhause mit ihrem Kind oder Familienmitglied wie oft ausführen sollen. So entsteht ein Leistungsdruck, der es Eltern erschwert, eine »normale« Beziehung zu ihrem Kind einzugehen.

Auf diese Weise kann ihre Sicht verengt werden auf die behinderungsbedingten Einschränkungen des Kindes. Im Extremfall wird die ganze Familie zu einer »therapeutischen Gemeinschaft«.

Zugleich wird den Eltern ein zu hohes Maß an Verantwortung für den Erfolg der Behandlung übertragen – wobei ihre begrenzten Möglichkeiten oft übersehen werden, wie zum Beispiel der Mangel an Zeit, physische und psychische Belastungen oder unzureichende Fähigkeiten. So kann es zu Versagensgefühlen kommen.

Therapeuten oder Ärzte können sich aus der Verantwortung stehlen: Bleiben die Übungen erfolglos, haben sich die Eltern als ihre Helfer »zu wenig« oder »unzureichend« engagiert. Ob die Art der Therapie unter Umständen nicht angemessen oder gar falsch war, brauchen sich Fachleute dann nicht zu fragen. Zu dieser Schuldzuweisung kommen dann noch die Schuldgefühle auf Seiten der Eltern hinzu, welche die Beziehung zum Kind oder Angehörigen weiter belasten.

Von der Herausforderung zum persönlichen Gewinn: Das ganze Kind im Blick

Viele Fachleute vertreten die Ansicht, dass therapeutische Maßnahmen allein die Angelegenheit der Fachdienste sind. Die Eltern sollten nicht als Hilfstherapeuten, sondern als Erziehungspartner mit eigenem familiären Verantwortungsbereich gesehen werden. Ihre Aufgaben sind zuerst die Herstellung einer Familienatmosphäre, in der sich der behinderte bzw. chronisch kranke Angehörige wohl fühlt, sowie dessen Pflege, Versorgung und Erziehung. Sie sollten also ganz »normale« Eltern sein, die spontan auf ihr Kind reagieren und es als einzigartiges Individuum behandeln. Sie sind für die Gesamtsituation und das »ganze« Kind verantwortlich, während sich die Spezialisten auf kleine Ausschnitte und Teilaspekte seines Lebens beschränken sollten.

Eltern wollen stets das Beste für ihre Kinder. Machen Sie dabei aber nicht die Sorgen über die Entwicklung Ihres Kindes zum zentralen Thema Ihres Lebens. Rücken Sie bewusst davon ab, dass die »normale« Entwicklung Ihres Kindes Ziel von Behandlungs- und Fördermaßnahmen sein soll. Die Entfaltung eines Kindes mit Behinderung kann sich von der von Kindern ohne Behinderung deutlich unterscheiden; »Normalität« muss nicht unter allen Umständen angestrebt werden. Stattdessen sollten die individuellen Fähigkeiten und Anlagen des Kindes gefördert und gestärkt werden und im Mittelpunkt aller Maßnahmen stehen. Das sollte letztlich das Ziel aller Therapien sein.

Haben Sie Zuversicht und Vertrauen in Ihr Kind, denn jedes Kind will und wird sich entwickeln nach seiner Art und in seinem Tempo. Diese Gelassenheit zu entwickeln, ist nicht immer einfach. Vielleicht kann das Gelassenheitsgebet des amerikanischen Theologen Reinhold Niebuhr hierbei eine Hilfe sein:

> Gott, gib mir die **Gelassenheit**,
> Dinge hinzunehmen, die ich nicht ändern kann,
> den **Mut**, Dinge zu ändern, die ich ändern kann,
> und die **Weisheit**, das eine vom anderen zu unterscheiden.

11. KAPITEL

Einfach mal nachgefragt

- *Über welche Fähigkeiten verfügt Ihr Kind – mal ganz abgesehen von seinen Behinderungen? Was hat es schon erreicht?*

Persönliche Stärke erfahren

- Ich orientiere mich nicht mehr an sogenannten Normalentwicklungen, sondern sehe die individuellen Fähigkeiten meines Kindes und fördere sie.
- Ich habe Geduld gelernt und vertraue darauf, dass mein Kind sich auf seine Art und Weise entwickeln wird.

Gut zu wissen: Vom Umgang mit Therapievorschlägen

Mütter und Väter von Kindern mit Einschränkungen sind auf die Hilfe von Fachleuten angewiesen. Eltern dürfen weder als unwissend und inkompetent angesehen werden, noch sind sie Handlanger von Fördermaßnahmen, die professionelle Therapeuten als *non plus ultra* ansehen. Angehörige kennen ihre Kinder am besten und haben auch das Recht, vorgeschlagene Therapien abzulehnen. Unter Umständen muss das Kind sogar vor zu großer oder falscher therapeutischer Aktivität geschützt werden. Eltern dürfen die Interessen ihres Kindes sehen und vertreten.

Sehen Sie die Therapievorschläge der professionellen Helfer als Empfehlungen an, die auf die Situation Ihres Kindes oder Angehörigen passen muss. Lassen Sie sich nicht entmutigen von Entwicklungsberichten, die die Defizite betonen und beschreiben, was Ihr Kind noch nicht kann und woran gearbeitet werden muss. Fragen Sie nach, was gut läuft und welche Fähigkeiten vorhanden sind.

Nutzen Sie Ihre lebenspraktische Alltagskompetenz: Sollten Sie der Meinung sein, eine Therapie sei unpassend, nutzlos oder gar schädlich, dann sprechen Sie Ihre Bedenken aus.

Reagiert der Therapeut auf Ihr Anliegen unsensibel oder ablehnend und eine fruchtbare Zusammenarbeit scheint nicht mehr möglich, wechseln Sie den professionellen Helfer. Die Bereitschaft, Konflikte mit Therapeuten einzugehen, ist unter Umständen Ausdruck von Stärke und erzieherisch kompetenter Parteinahme. Sie sind Experte, da Sie Ihr Kind von Anfang an kennen und es aufmerksam begleiten.

Hilfreich ist es daher, die Entwicklung des Kindes sorgfältig zu verfolgen und Ihre Beobachtungen in einem Tagebuch festzuhalten. Durch die genaue Beobachtung der Entwicklung erkennen Sie die Fähigkeiten des Kindes, seine Interessen und Bedürfnisse und können Ärzte und Therapeuten fundiert informieren.

Eltern mit einem besonderen Kind sollten wissen, dass sie ein Anrecht auf vielfältige Hilfen haben und nicht alles alleine tragen müssen. Eltern dürfen und sollen ihre Rechte durchsetzen, sei es bei der Verschreibung und Bewilligung von Therapien und Hilfsmitteln oder bei Verhandlungen mit der Krankenkasse. Wichtig ist es, sich nicht als Bittsteller oder als »Hilfebedürftige« zu fühlen, sondern als Partner und Experte anerkannt zu werden. Eltern von Kindern mit Einschränkungen können fordern, dass sie mit ihren Fähigkeiten und Anliegen ernst genommen werden.

Mehr Informationen

Ernst, Karl-Friedrich: *Behinderung und Teilhabe – Alle Leistungen und Rechte*. Verbraucher-Zentrale NRW, Düsseldorf 2018

11. KAPITEL

**Verbreiteter Irrtum:
»Fachleute kennen sich immer am besten aus«**

In der Tat können Therapeuten mit ihrem Wissen und ihrer Erfahrung eine wichtige Hilfe sein, die in Anspruch genommen werden sollte. Fachleute bieten Entlastung und Unterstützung bei der Förderung und Unterstützung an, die nicht generell abgelehnt werden sollte. Wenn Experten aufgeschlossen, entgegenkommend und verständnisvoll sind, sodass Sie ihnen vertrauen und mit ihnen gut zusammenarbeiten können, sind Therapeuten eine wichtige Hilfe.

Es ist völlig normal, dass Eltern einen anderen Blick auf ihr besonderes Kind oder Familienmitglied haben als professionelle Helfer. Es ist auch normal, dass sie andere Wahrnehmungen besitzen und gelegentlich unterschiedlicher Meinung sind.

Leider ist es keine Selbstverständlichkeit, dass professionelle Helfer wie Ärzte, Therapeuten oder Psychologen immer konstruktiv mit Eltern zusammenarbeiten. Häufig werden Eltern als unwissende Nervenbündel angesehen, die ihre Kinder falsch einschätzen oder überbehüten. Mütter und Väter können durchaus fordernd sein, aber die meisten kennen ihr Kind seit der Geburt genau und wissen, was ihm gut tut, wo seine Fähigkeiten sind und auf welche Art Förderbedarf besteht.

Kurz & knapp

Eine konstruktive Zusammenarbeit zwischen Eltern und Experten ist erstrebenswert. Denn so können Fachleute und Experten des Alltags – also Eltern – Diagnosen und Therapien entwickeln und anwenden.

> **Persönliche Stärke erfahren**
>
> - Ich vertrete die Bedürfnisse meines Kindes auch Fachleuten gegenüber.
> - Ich kann mich kritisch mit therapeutischen Methoden auseinandersetzen.
> - Ich bin zur vertrauensvollen Zusammenarbeit bereit.

Entwicklungspotenzial: Was Eltern leisten

Eltern besitzen oft von Anfang an pädagogische Fähigkeiten, die nicht erst erworben werden müssen und die sie intuitiv zu Gunsten des Kindes einsetzen. Von Geburt an stellen sich insbesondere Mütter auf die Verhaltensweisen und Ausdrucksformen ihrer Kinder ein, um ihnen durch Haut-, Körper- und Blickkontakt Liebe, Urvertrauen und Fürsorge zu vermitteln. In einem guten Eltern-Kind-Kontakt kommunizieren Eltern mit ihrem Kind in den ersten sechs Monaten ca. 30 000 mal in Form der »Lächel-Begegnungen«. Damit wächst täglich die Erfahrung, als Kind die Quelle elterlicher Freude zu sein. Über diese »Lächel-Dialoge« festigt sich beim Baby das Urvertrauen.

Durch intensive Kommunikation im alltäglichen Zusammensein erwerben Eltern als zentrale Bezugspersonen vielseitige Kenntnisse über ihr Kind (zum Beispiel Schlaf, Essgewohnheiten und Stimmungen) und fördern es. Eine liebevolle und einfühlsame Eltern-Kind-Beziehung ist grundlegend für seine Entwicklung.

Unsere besondere Tochter konnte sich über lange Zeit ausschließlich mit Zwei-Wort-Sätzen verständigen. Sie hatte aber die Gewissheit, dass wir sie verstehen. Andererseits förderten wir sie unweigerlich, indem wir die fehlenden Worte ständig ergänzten und wiederholten, bis wir feststellten, dass sie Worte, ja sogar Sätze, am besten lernt und erinnert, wenn sie gesungen werden. In der Öffentlichkeit ernteten wir dafür Erstaunen, Kopfschütteln, aber auch freundliche Blicke.

Im Laufe der Zeit haben Sie ein beachtliches Wissen über die Art der Behinderung erworben. Da Sie täglich mit dem Kind zusammen sind, erkennen Sie seine besonderen Befindlichkeiten und Bedürfnisse. Sie haben das Expertenwissen, über das niemand sonst verfügt, auch nicht die professionellen Akteure wie Ärzte oder Therapeuten. Die Eltern, zumeist die Mutter, kennen ihr Kind mit seinen Besonderheiten am besten und besitzen einen ganzheitlichen Blick, während professionelle Helfer nur einen Teilbereich kennen. Zudem können Sie am besten beurteilen, welche Therapien oder medizinischen Eingriffe im Alltag Nutzen bringen und welche Lebensqualität gewonnen oder verloren wird.

Daher lassen Sie sich nicht zu sehr beeindrucken von der Fachkompetenz von Ärzten oder Therapeuten, denn Sie selbst sind mit Ihren vielfältigen Fähigkeiten zum Experten für Ihr Kind geworden.

> **Kurz & knapp**
>
> **Alltägliche Fertigkeiten von Eltern**
>
> Hier eine kleine Liste von Fertigkeiten, die Sie alltäglich zeigen und oft nebenbei und unbewusst ausüben, indem Sie:
>
> - affektive und soziale Signale des Kindes spüren, entziffern und erwidern,
> - sich auf dessen Verhaltens- und Lebensweise einstellen,
> - auf Mienenspiel und Geschrei einfühlsam reagieren,
> - Blickkontakt herstellen,
> - die Aufmerksamkeit des Kindes auf sich lenken,
> - dem Kind Liebe, Zärtlichkeit und Fürsorge zukommen lassen,

> - die Interessen und Lernbedürfnisse des Kindes aufgreifen und unterstützen,
> - einen Blick haben für die Selbständigkeitsentwicklung des Kindes,
> - die Interessen und Lernbedürfnisse des Kindes aufgreifen und unterstützen,
> - sich um ein gutes Verhältnis untereinander bemühen.

Wissenschaftler haben mehrfach die Fähigkeiten von Eltern besonderer Kinder untersucht. Sie kamen dabei zur Erkenntnis, dass die emotionalen Fähigkeiten im Erkennen der Bedürfnisse des Kindes oder Familienmitgliedes besonders ausgeprägt sind. Die kognitiven Kompetenzen zeigen sich in der Bewältigung des Alltags und die sozialen Fähigkeiten werden sichtbar durch das Knüpfen sozialer Netze sowie dem Wahrnehmen von Unterstützungsangeboten.

Rufen Sie sich in Erinnerung, was Sie an einem einzigen Tag an Zuwendung leisten. Mit diesen Kompetenzen und Fähigkeiten stiften Sie Urvertrauen, Lebensfreude, Sinnorientierung und regen die Entwicklung an. Oft hilft es, wenn die Partner sich bei speziellen Übungen mit dem Kind abwechseln oder andere Vertrauenspersonen mit einbeziehen (zum Beispiel Großeltern, Freunde oder die persönliche Assistenz des Kindes).

11. KAPITEL

> **Persönliche Stärke erfahren**
>
> - Ich bin mit den Besonderheiten meines Kindes vertraut.
> - Ich erfasse schwierige und neu auftretende gesundheitliche Krisen des Kindes oftmals intuitiv.
> - Ich bin in vielen Bereichen Experte, besitze ein umfangreiches Wissen und viele praktische Fähigkeiten.
> - Ich weiß, dass nicht Zukunftspläne für mein Kind wichtig sind, sondern meine Beziehung zu ihm.

Mehr Informationen

Adressen von **Beratungsstellen**: *www.familienratgeber.de/beratungsstellen-adressen.php*

Beim Bundesministerium für Arbeit und Soziales können Sie die kostenlose Broschüre *Einrichtungen und Stellen der Frühförderung* bestellen: www.bmas.bund.de

Ein Informationsportal rund um **Frühförderung** mit Datenbank: *www.fruehfoerderstellen.de*

Wie wird unser Kind am besten **gefördert**? *www.lebenshilfe.de/de/leben-mit-behinderung/unser-kind/070-Wie-koennen-wir-unser-Kind.php?listLink=1*

Welches ist die richtige **Förder- und Therapiemethode**? Eine Übersicht der gängigsten Therapien hat die *Lebenshilfe* in einem Buch zusammengestellt, das Grundinformationen liefert und die eigene Positionsfindung anregt: Bundesvereinigung Lebenshilfe (Hg.): *Das Gras wächst nicht schneller, wenn man daran zieht – Therapiemethoden und Förderansätze für Menschen mit Behinderungen. Orientierung und Überblick für Eltern und Mitarbeiter(innen)*. Lebenshilfe-Verlag, Marburg 2006

Ein Text für stille Momente

Thomas Edison (1847–1931) war einer der größten Erfinder, aber als Kind hatte er große Schwierigkeiten in der Schule.

Eines Tages brachte er von der Schule einen Brief seiner Lehrerin an seine Mutter mit nach Hause: »Meine Lehrerin hat mir erklärt, dass nur du diesen Brief lesen darfst.« Unter Tränen las seine Mutter ihm den Inhalt des Briefes vor: »Ihr Sohn ist ein Genie. Diese Schule kann ihn nicht genug fördern, sie ist zu klein und wir haben keine Lehrer, die gut genug sind, ihn zu unterrichten. Bitte unterrichten sie Thomas ab jetzt selbst.«

Viele Jahre später, nach dem Tod seiner Mutter, entdeckte der inzwischen sehr erfolgreiche Erfinder Thomas Edison jenen Brief der Lehrerin in einer Schublade. Tatsächlich stand in dem Brief: »Ihr Sohn ist geistig behindert, wir möchten ihn an unserer Schule nicht mehr unterrichten.« Seine Mutter aber hatte an ihn geglaubt und ihn immer wieder positiv gestärkt.

(Die Quelle dieser Episode ist unbekannt, und auch ihr Wahrheitsgehalt ist umstritten.)

12.

»ZUM GLÜCK GIBT ES HILFEN«
Selbsthilfegruppen, Netzwerke und professionelle Hilfe

»Es braucht ein ganzes Dorf, um ein Kind zu erziehen.«
Afrikanisches Sprichwort

In diesem Kapitel erfahren Sie:

- wie Ihr Informationsbedürfnis gestillt werden kann
- was Selbsthilfegruppen leisten können
- wie Sie die richtige Eltern- bzw. Selbsthilfegruppe finden
- warum Sie Entlastungsangebote nutzen sollten

Eltern berichten

Bei der Betreuung helfen uns die sogenannten »Familienentlastenden Dienste« von verschiedenen Selbsthilfegruppen enorm! Zum Beispiel: bei der *Lebenshilfe* oder bei *Sterntal* gibt es sie. Dort kommt unser Max regelmäßig mit anderen Kindern zusammen, es werden Ausflüge und sogar Reisen angeboten und wir haben in der Zwischenzeit Zeit für uns und Hobbys, die uns geblieben sind! Aber auch die Gespräche mit anderen Eltern behinderter Kinder bringen uns viel und helfen uns weiter, denn wir erfahren dabei, dass wir mit unseren Problemen nicht alleine sind.

Andrea und Kevin, 40 und 46 Jahre

Gut zu wissen: Gemeinsam geht es oft besser

Es gibt das schöne afrikanische Sprichwort, dass man ein ganzes Dorf braucht, um ein Kind zu erziehen. Leider sind in unseren Breiten Großeltern und Verwandte selten regelmäßig vor Ort. Und soziale Beziehungen zu Freunden und Bekannten sind häufig aus verschiedensten Gründen nicht stabil genug, um dies auszugleichen.

Um anstehende Probleme besser in den Griff zu bekommen, benötigen Eltern fachkundigen Austausch und Rat, den Selbsthilfegruppen, Netzwerke oder auch ausgewählte professionelle Berater anbieten. Am häufigsten wird dabei über die richtige Auswahl von Therapien, Betreuung, Schule und Kindergarten gesprochen. Um die anfallenden Aufgaben und Fragen bewältigen zu können, organisieren sich ca. zwei Drittel der Eltern in Selbsthilfegruppen. Diese unterstützen sie vor allem psychologisch und moralisch sowie durch Informationsaustausch.

Es gibt zwar in fast allen Lebensbereichen und Lebensphasen Unterstützungsangebote, doch sind die Hilfsangebote selten vernetzt, was die Orientierung beeinträchtigt. Die Kooperation von Behindertenhilfe, Jugendhilfe, Kindergarten, Schule, Pflege, Behindertenbeförderung, Krankenkasse und Therapeuten fehlt in der Regel.

Glücklicherweise finden Eltern inzwischen an vielen Orten Selbsthilfegruppen, in denen nicht belehrt wird, sondern wo sich Betroffene auch ohne viele Worte verstanden und aufgehoben fühlen. Der Idealfall wäre eine Ergänzung von Selbsthilfegruppen und Gesprächen mit Experten, um eine möglichst fruchtbare Förderung des besonderen Kindes zu ermöglichen.

Entwicklungspotenzial: Unterstützung durch andere

Um den Anforderungen des Alltags gerecht zu werden, kommt dem Austausch mit ebenfalls betroffenen Eltern eine besondere Bedeutung zu. Auch wir konnten erste Kontakte bei zufälligen Begegnungen in Arztpraxen und bei Therapien knüpfen, später kamen Gesprächskreise und Selbsthilfegruppen dazu, um uns auf unserem Weg zu begleiten. Wir konnten uns dort aussprechen und trafen auf Verständnis für unsere besondere Situation.

Durch Kontakte und Unterstützung von außen erkennen Eltern, dass sie mit ihren Problemen nicht alleine sind. Um nicht zu vereinsamen oder sich von der Außenwelt zu isolieren, bedarf es der Beziehungen oder Freundschaften außerhalb von Kindergarten, Schule oder Therapie. Im Gespräch mit anderen werden Informationen und Erfahrungen weitergegeben und wertvolle Tipps für die Alltagsbewältigung ausgetauscht. Wir erlebten oft, dass wir auf wichtige Informationen nur durch Zufall gestoßen sind.

Kurz & knapp

Nichts macht soviel Mut wie die Erfahrung anderer.

Neben hilfreichen Kontakten zu anderen Eltern, Angehörigen, Freunden und Bekannten ist die Teilnahme an Selbsthilfegruppen für viele Eltern eine große Kraftquelle. Nichts macht soviel Mut wie die Erfahrung anderer. Das Gespräch mit anderen Betroffenen bietet sozial-emotionale Unterstützung für den Umgang mit Schwierigkeiten. Im Kontakt mit Gleichgesinnten erhalten Sie ferner nützliche Auskünfte zu bestehenden Angeboten und zu möglichen Rechtsansprüchen.

Während bei professionellen Helfern medizinische und therapeutische Fragen im Mittelpunkt stehen, können im Austausch mit anderen Eltern auch persönliche Probleme besprochen werden. Durch den Erfahrungsaustausch erhalten Sie praktische Tipps, zum Beispiel, um besondere Pflegeanforderungen zu bewältigen, Tagesstrukturen zu entwickeln, Hilfsmittel zu organisieren, Anträge zu stellen oder herauszufinden, wie der Umgang der Geschwister untereinander am besten gelingt.

Um ein soziales Netzwerk aufzubauen oder zu finden, schauen Sie sich in Ihrem Stadtteil um. Es gibt Aushänge am schwarzen Brett in Kindergärten, Schulen, Krankenhäusern, Therapieeinrichtungen, Bibliotheken, Kirchen oder Gesundheitsämtern. Sprechen Sie Ihr Anliegen bei Eltern, Therapeuten oder Nachbarn an. Durchforsten Sie das Internet. Und wenn Sie ein Angebot gefunden haben, probieren Sie aus, ob es zu Ihnen passt. Es muss nicht auf Anhieb klappen. Sie können auch eigenständig für kleines Geld die Feizeitgestaltung, Betreuung oder Lernhilfe durch Schüler, Studenten oder ältere Menschen organisieren oder anregen.

Persönliche Stärke erfahren

- Gemeinsam mit Gleichgesinnten kann ich den Alltag bewältigen.
- Durch den Austausch erhalte ich wichtige Informationen und emotionale Stärkung.
- Vom Umgang anderer Eltern mit ihren Kindern lasse ich mich inspirieren.

Mehr Informationen zu Rehabilitation

Verzeichnis von Reha-Servicestellen: *www.reha-servicestellen.de*

Die Bundesarbeitsgemeinschaft für Rehabilitation ist ein Zusammenschluss von Rehabilitationsträgern. Sie bietet vielfältige Informationen, Broschüren und Adressen: *Bundesarbeitsgemeinschaft für Rehabilitation e. V. (BAR), Solmsstr. 18, 60486 Frankfurt/Main, Telefon 0 69/60 50 18-0, www.bar-frankfurt.de*

Der Bundesverband für Rehabilitation bietet für neurologische Patienten u. a. rechtliche Beratung und professionelle Vertretung vor Behörden, Versicherungen und den Instanzen der Sozialgerichtsbarkeit sowie ehrenamtliche soziale Betreuung: *Bundesverband für Rehabilitation e. V. (BDH), Lievelingsweg 125, 53119 Bonn, Telefon 02 28/9 69 84-0, Telefax 02 28/9 69 84-99, E-Mail info@bdh-reha.de, www.bdh-reha.de*

Worum es geht: Beratung

Für Eltern und Angehörige von beeinträchtigten Menschen ist es in der ersten Phase des Zusammenlebens besonders wichtig, passende und gut verständliche Informationen zu bekommen. Mit jeder neuen motorischen oder intellektuellen Entwicklung wird dieses Bedürfnis wieder aktuell. Der Wunsch, konkrete, teils sehr individuelle Fragestellungen besprechen zu können, steht im Vordergrund, denn jedes Kind (und seine Eltern) ist anders und bedarf besonderer Informationen. Die Themen der Beratung können sehr vielfältig sein. So kann es sich neben Diagnosen oder Therapieförderungen auch um rechtliche oder erzieherische Fragen handeln.

Oft müssen Eltern widersprüchliche Situationen bewältigen, wenn sie zum Beispiel fehlprognostizierte Entwicklungen des Kindes erleben. Hier kann es zu Konflikten mit den Fachleuten kommen.

Aktivieren Sie Ihre Kompetenzen: Begnügen Sie sich nicht mit vagen Informationen und unsicheren Diagnosen, sondern setzen Sie sich mit Freunden und Fachleuten zusammen, bemühen Sie sich um Literatur und die Selbstaneignung von Fachwissen, zum Beispiel auch aus dem Internet oder mit Hilfe von Selbsthilfegruppen. So werden Sie »Experte in eigener Sache«.

Gut zu wissen: Was Selbsthilfegruppen leisten können

- *Kennenlernen anderer Betroffener, Gedankenaustausch und gemeinsames Aktivwerden*
- *Bewusstwerden eigener Bedürfnisse und Wünsche*
- *Unterstützung beim Lösen von Problemen und bei der Stärkung des Selbstwertgefühls*
- *Aufklärung und Information*
- *Interessenvertretung, Abbau von Vorurteilen, Öffentlichkeitsarbeit*
- *Informationsaustausch über Hilfesysteme, Therapien, professionelle Hilfen und rechtliche Fragen*
- *Geselliges Beisammensein, Feste und Feiern*
- *Informationsabende und Erwachsenenbildung*
- *Einzelberatung von Betroffenen*

Ermutigung von anderen Eltern

In unseren Interviews mit Eltern von Kindern mit Behinderung haben wir folgende Aussagen gehört:

- *Wir haben unter anderen Eltern Mitkämpfer gesucht, denn gemeinsam sind wir stärker.*
- *Selbsthilfe ist ein guter Motor, eigene Energien freizusetzen.*
- *Es tut gut, mit Betroffenen über Erfahrungen, Probleme und Erfolge zu reden und sich gegenseitig zu unterstützen.*
- *Durch gemeinsame Erfahrungen fühlen wir uns besser verstanden und erfahren, mit einem Problem nicht alleine zu*

sein. Wir geben uns gegenseitig Tipps und Ansprechpartner, die weiterhelfen können.
- *Es sind Freundschaften entstanden.*
- *Unsere Treffen haben sich zum »Klageabend« entwickelt. Das baute mich nicht auf, sondern zog mich runter. Da bin ich dann nicht mehr hingegangen.*

Wie finde ich »meine« Selbsthilfegruppe?

Internet-Plattformen sind für Eltern besonderer Kinder zunehmend bedeutsam. Sie sind nicht nur Informationsquellen und ermöglichen Austausch und Vernetzung, sondern bieten häufig auch Angebote zur »virtuellen Selbsthilfe«.

Mehr Informationen zu Selbsthilfegruppen

In der Bundesarbeitsgemeinschaft Selbsthilfe haben sich Behindertenverbände und Selbsthilfeorganisationen von behinderten Menschen sowie Angehörigen zusammengeschlossen. Ihre Anschriften teilt die Bundesarbeitsgemeinschaft mit: *BAG Selbsthilfe – Bundesarbeitsgemeinschaft Selbsthilfe von Menschen mit Behinderung und chronischer Erkrankung und ihren Angehörigen e. V., Kirchfeldstr. 149, 40215 Düsseldorf, Telefon 02 11/3 10 06-0, Telefax 02 11/3 10 06-48, E-Mail info@bag-selbsthilfe.de, www.bag-selbsthilfe.de*

NAKOS ist die zentrale bundesweite Anlaufstelle in Deutschland rund um das Thema Selbsthilfe. Als Knotenpunkt vernetzt NAKOS die relevanten Akteure. Interessierte, Betroffene und Angehörige finden hier alle notwendigen Informationen: *Nationale Kontakt- und Informationsstelle zur Anregung und Unterstützung von Selbsthilfegruppen (NAKOS), Otto-Suhr-Allee 115, 10585 Berlin-Charlottenburg, Telefon 0 30/31 01 89 80, Telefax 0 30/31 01 89 70, E-Mail selbsthilfe@nakos.de, www.nakos.de*

Schweizer Selbsthilfegruppen: *www.selbsthilfeschweiz.ch/shch/de.html*

Kurz & knapp

Problemlösen durch gegenseitigen Austausch

Im Kontakt mit Gleichgesinnten erhalten Familien nützliche Hinweise zu weiterführenden Angeboten, zu Strategien und um Rechtsansprüche wahrzunehmen. Auch eine emotionale Unterstützung erweist sich als hilfreich.

Bei Gesprächen mit anderen Eltern bekommt man auf die Frage: »Wie macht ihr das?« oft gute Hinweise und Anregungen. Viele Probleme lassen sich im Gespräch mit anderen einfacher lösen.

Es besteht auch die Möglichkeit, sich im Internet in Blogs und in Elternforen zu informieren und austauschen. Genannt seien hier exemplarisch:

- http://johnnyprice.de/blog/ (Blog)
- https://sophiesanderswelt.wordpress.com/ (Blog)
- www.loliswelt.blogspot.com (Blog)
- www.rehakids.de (Elternforen)
- www.familienratgeber.de (Elternforum)
- www.intakt.info (Elternforum)

Gut zu wissen: Wichtige Fragen bei der Suche nach Selbsthilfe- oder Elterngruppen

- *Welche Hilfestellungen erwarten Sie von der Gruppe? Geht es Ihnen zum Beispiel besonders um Informationen zur Behinderung Ihres Kindes, seelische Unterstützung und Familienhilfen oder um gemeinsame Aktivitäten?*
- *Was sind Ihre Anliegen und Ziele?*
- *Was sind die Anliegen und Ziele der anderen Teilnehmer?*

- *Gibt es ein Infoblatt oder eine Vereinssatzung mit den Gruppenanliegen und -zielen?*
- *Gibt es Gruppen in Ihrer Nähe?*
- *Ist eine Mitgliedschaft »auf Probe« möglich?*

Persönliche Stärke erfahren

- Ich suche Hilfe und lasse mir helfen.
- Ich habe Selbsthilfegruppen und andere betroffene Eltern gesucht und gefunden, durch die ich Informationen, Handlungsmöglichkeiten und Unterstützung erhalte.
- Ich habe entdeckt, dass es viele verschiedene Wege gibt, das Leben mit einer Behinderung zu organisieren und zu gestalten.

Verbreiteter Irrtum: »Das schaffen wir alleine«

Lassen Sie solche Gedanken nicht zu: »Wir kommen mit der Situation schon selbst zurecht!« Diese Haltung führt zu Überforderung und Isolation. Wozu gibt es Familienentlastende Dienste, Selbsthilfegruppen oder professionelle Hilfe? Es gibt kaum eine Familie mit einem beeinträchtigten Familienmitglied, die diese Hilfen nicht in Anspruch nimmt. Je früher, desto besser (siehe S. 116).

Entlastungsangebote nutzen

Scheuen Sie sich nicht, Hilfe anzunehmen. Wenn Familie, Nachbarn oder Freunde Ihnen Hilfe anbieten, greifen Sie zu. Falls Sie Probleme haben, Ihr Kind in andere Hände zu geben, lassen Sie sich wenigstens selbst bei alltäglichen Aufgaben helfen.

Familienentlastende Dienste (FED) sind eine gute Entlastungsmöglichkeit, die über die Pflegeversicherung finanziert werden kann, wenn Ihr Kind einen Pflegegrad hat.

Die Mitarbeiter des FED können Ihr Kind stunden- oder tageweise betreuen, zuhause oder unterwegs. Dauer und Häufigkeit der Einsätze bestimmen Sie selbst.

Einfach mal nachgefragt:

- *Welche Ansprechpartner und Unterstützer gibt es bei Ihnen vor Ort (zum Beispiel Frühförderstelle, Familienentlastender Dienst, Pflegedienste usw.)?*
- *Nehmen Sie Hilfe von Außenstehenden (zum Beispiel von Gesundheitsdiensten) an?*

Mehr Informationen zu Unterstützungsangeboten

Der *Wegweiser* des Bundesverbands für körper- und mehrfachbehinderte Menschen erklärt übersichtlich, welche Unterstützungsangebote es gibt und wie sie finanziert werden können. Die Broschüre wurde speziell für berufstätige Mütter mit einem besonderen Kind entwickelt. Er beantwortet Fragen wie: Was ist, wenn mein Kind in der Schule zusätzliche Unterstützung zur Bewältigung des Alltags benötigt? Wie überbrücke ich die Ferienzeiten? Die Broschüre können Sie kostenlos herunterladen: *http://bvkm.de/wp-content/uploads/broschuere_wegweiser_gesamt_light-1.pdf*

12. KAPITEL

Ein Text für stille Momente

Warum sind viele gemeinsam erfolgreicher als ein Einzelner?

Stare lieben die milden Nächte Roms. Tagsüber tummeln sie sich auf den Feldern außerhalb der Stadt, abends aber kehren sie in die Metropole zurück, deren Häuser Wärme ausstrahlen. Die Stare gruppieren sich zu Schwärmen von bis zu 5000 Vögeln und sehen von ferne aus wie eine schwarze Wolke.

Im Schwarm bleiben die Vögel eng beieinander, mit einem Abstand von nicht mehr als 80 Zentimetern. Dies macht es Raubvögeln wie den Turmfalken schwer, ein Opfer zu erbeuten: Da die Spannweite seiner Flügel über 80 Zentimetern liegt, kann der Falke nicht in den Schwarm vorstoßen, ohne dabei zu riskieren, seine Flügel zu verletzen.

13.

»WAS WIRD AUS UNSEREM KIND?«
Kindergarten, Schule und Beruf

»Der Bereich mit den größten wissenschaftlich belegten Fortschritten ist nicht etwa die Gentherapie oder die Molekulargenetik, sondern die Sonderpädagogik. Dass heute viele Kinder mit Down-Syndrom ihre Schulabschlüsse machen, Berufe lernen und älter werden, war vor einer Generation undenkbar und ist eine stille Sensation.«[15]
Eckart von Hirschhausen

In diesem Kapitel erfahren Sie:

- was Inklusion bedeutet
- was Sie bei der Wahl von Kindergarten und Schule beachten sollten
- welche Ausbildungsmöglichkeiten es gibt und wie der Berufseinstieg gelingen kann

Eltern berichten

»Welche Schule ist die richtige für unser Kind? Vor dieser Frage standen wir als Eltern unserer schwer behinderten Tochter Luisa vor sechs Jahren. [...] Der Wunsch nach inklusiver Beschulung machte die Schulfindung zu einem monatelangen Drama. Nicht etwa, weil wir uns nicht entscheiden konnten, sondern weil es beinahe unmöglich schien, eine Schule zu finden, die ein solches Abenteuer mittragen wollte. [...]

Der Grundschuldirektor klang ein halbes Jahr vor Schulbeginn auch noch zuversichtlich. Doch wandelte sich die anfängliche Bereitschaft später in ›ich hab keinen, der es machen will‹. So schrieben wir einen zweiseitigen Brief mit Erläuterungen und Foto von Luisa an die drei in Frage kommenden Lehrerinnen. Wir sicherten unsere komplette Unterstützung zu, legten unsere Beweggründe dar und baten inständig um ein Gespräch. Es wurde uns nicht gewährt. Die Schulsekretärin sagte bei einem Telefonat sogar: ›Aus politischen Gründen wünscht man kein Gespräch mit Ihnen.‹ Wir waren entsetzt und forderten die Schule schriftlich auf, uns zeitnah einen Termin zu nennen. Das Schulamt wollte zwar die Beschulung ›einfach anordnen‹, doch sollte das die richtige Basis für ein positives Schulerlebnis werden?«[16]

Gut zu wissen: Inklusion

In letzter Zeit ist immer wieder von Inklusion die Rede. Inklusion bedeutet, dass jeder Mensch von der Gesellschaft akzeptiert wird und gleichberechtigt am gesellschaftlichen Leben teilhaben kann – unabhängig von Geschlecht, Alter oder Herkunft, von der Religion und von eventuellen Behinderungen.

Das bedeutet: In einem inklusiven Bildungssystem lernen Kinder mit und ohne Behinderungen von Anfang an gemeinsam. Von der Kindertagesstätte über die Schulen bis zur Berufsausbildung soll niemand aufgrund einer Behinderung vom allgemeinen Bildungssystem ausgeschlossen werden. Der Einzelne muss sich also nicht an ein vorgegebenes System anpassen, sondern das System muss umgekehrt die Bedürfnisse aller Lernenden beachten und sich gegebenenfalls anpassen. Das besagt die Theorie.

13. KAPITEL

Beratungsstellen für Inklusion

Der Verein *Mittendrin* hat Beratungsstellen für Inklusion in den Bundesländern zusammengestellt: *www.mittendrin-koeln.de/inklusions-pegel/politik/*

Worum es geht: Kindergarten

Kinder brauchen schon im frühen Alter das Zusammenleben mit anderen Kindern, um Erfahrungen zu sammeln, die sie zuhause allein nicht machen können. Das Zusammensein mit anderen Kindern unterstützt die Entwicklung und stärkt die Persönlichkeit. Daher ist der Besuch eines Kindergartens zumeist ein großer Gewinn für die Entwicklung eines jeden Kindes, ob mit oder ohne Behinderung.

Irgendwann kommt jedes besondere Kind in ein Alter, in dem der Besuch eines Kindergartens ein Thema wird. Aber in welchem Kindergarten soll das Kind angemeldet werden?

Je nach Bundesland und Kommune gibt es unterschiedliche Formen von Tagesangeboten für Kinder unter drei Jahren. Die Angebote für Kinder unter drei Jahren werden meist »Kinderkrippe«, die für ältere Kinder »Kindergarten« genannt. Beide sind Teil einer »Kindertagesstätte«. Seit dem 1. August 2013 hat jedes Kind in Deutschland mit dem vollendeten ersten Lebensjahr einen Anspruch auf einen Betreuungsplatz in einer Kindertagesstätte oder in der Kindertagespflege.

Eigene Erfahrungen

Als die Zeit für unsere Tochter kam, den Kindergarten zu besuchen (sie war 3,5 Jahre alt), war die Auswahl an geeigneten Institutionen erheblich kleiner als heute. Damals gab es den Begriff »Inklusion« noch nicht, das Ziel hieß »Integration«. Auch das war schwer zu realisieren. Daher wurde uns ein Sprachheilkindergarten empfohlen. Wir folgten dem Rat, bemerkten aber bereits nach kurzer Zeit, dass ein sprachliches Vorbild ausschließlich von Seiten der Betreuer kam, da alle Kinder Sprachprobleme hatten. Diese Kinder waren unter sich, es gab keinen Kontakt mit anderen Kindern innerhalb der Einrichtung. Somit wurden auch keine Erfahrungen gesammelt mit Kindern, die sich anders entwickelten. Wir erlebten eine ausgrenzende Förderung in einem sonderpädagogischen Kindergarten.

Nach kurzer Zeit litt unsere Tochter unter der Wahrnehmung, von Kindern umgeben zu sein, die teilweise noch stärkere Beeinträchtigungen hatten als sie selbst. Sie suchte damals bereits verstärkt nach Kontakten zu Gleichaltrigen, die ihr Vorbild in der Entwicklung waren. Diese Haltung hat sich später im Erwachsenenalter weiter entwickelt. Auch aus diesem Grund appellieren wir an junge Erwachsene, sich für behinderte Menschen und ihre Integration einzusetzen und ihnen etwas von ihrer Zeit und Aufmerksamkeit zu geben. Dabei bekommt jeder, der sich Zeit für sie nimmt, unendlich viel Freude und Dankbarkeit zurück.

Auch wir Eltern blieben unter uns, was den Isolationseffekt noch verstärkte und ein Gefühl der Ausgrenzung entstehen ließ. Inzwischen gibt es zahlreiche Möglichkeiten der frühkindlichen inklusiven Förderung.

Gut zu wissen: Angebote von Kindergärten

Für Kinder bis zu drei Jahren gibt es ein Angebot von Krippen, die in der Regel auch Kinder mit Behinderung aufnehmen. Daneben können Kinder in Tagespflegestellen von Tagesmüttern in kleinen Gruppen betreut werden oder es gibt außerdem das Angebot von privaten Krabbelgruppen.

In Beratungsstellen für Familien und bei Jugendämtern können Sie erfahren, welche öffentlichen Angebote es gibt. Die Finanzierung von Tagesangeboten für Kinder unter drei Jahren ist in Deutschland nicht einheitlich geregelt. Die Betreuung für Kinder mit Behinderung unter drei Jahren können über die Jugendhilfe (Sozialgesetzbuch 8, SGB VIII) und die Sozialhilfe (Sozialgesetzbuch 12, SGB XII) finanziert werden.

13. KAPITEL

Für Kinder ab drei Jahren gibt es hauptsächlich zwei unterschiedliche Angebote: Die Förderkindergärten und die Regelkindergärten.

Förderkindergärten werden ausschließlich von Kindern mit Behinderung besucht. In diesen auch heilpädagogisch genannten Kindergärten werden Kinder mit Beeinträchtigungen betreut und gefördert, die in einem Regelkindergarten nicht ausreichend unterstützt werden können. Die Gruppenstärke liegt meist zwischen acht und zwölf Kindern. Die therapeutische Förderung ist fester Bestandteil der Betreuung.

Unsere Tochter, die stark stotterte, ging in einen solchen Kindergarten mit besonderer Sprachförderung. Da aber alle Kinder Sprachstörungen hatten, fehlte das Sprachvorbild anderer Kinder.

Kindergärten mit Inklusionsangebot besuchen Kinder mit und ohne Behinderung gemeinsam. Dabei werden die Erzieherinnen von Therapeuten begleitet, zum Beispiel von Physio- und Ergotherapeuten. Diese unterstützen einzelne Kinder mit Beeinträchtigungen dann nach Bedarf.

Ferner gibt es noch **Einzelintegration** oder **integrative Gruppen in Regelkindergärten**. Hier werden ein oder mehrere beeinträchtigte Kinder zusammen mit anderen Kindern betreut. Die Förderung findet in kleinen Gruppen statt.

Die Kosten

Die Kosten für den Besuch eines Förderkindergartens übernimmt zumeist das Sozial- oder Jugendamt. Es handelt sich dabei um eine Leistung der Sozialhilfe in Form der Eingliederungshilfe für Menschen mit Behinderung. Für die Betreuung in Sprachheilkindergärten und für Kinder mit einer Hörbehinderung tragen die gesetzlichen Krankenkassen die Kosten.

Besucht das Kind hingegen einen inklusiven Kindergarten, wird der Betrag fällig, den auch Eltern anderer Kinder bezahlen müssen. Es wird aber bundesweit angestrebt, den Kindergartenbesuch für alle kostenlos zu ermöglichen, wobei die Kompetenz für Kindergärten und Krippen bei den einzelnen Bundesländern liegt.

> **Kurz & knapp**
>
> **Welche Kita passt zu meinem Kind?**
>
> Die *Lebenshilfe*[17] hat eine Liste erstellt, um eine gute Kita-Wahl zu treffen:
>
> - Ein wichtiges Kriterium ist die Wohnortnähe. Das vermeidet lange Anfahrtswege. Auch wenn sich Freundschaften entwickeln und die Kinder einander besuchen, sind kurze Wege günstiger.
> - Die Gruppengröße für ein beeinträchtigtes Kind muss überschaubar sein.
> - Welche hilfreichen Förderangebote bietet die Einrichtung an?
> - Pflegt der Kindergarten feste Rituale? Kinder mit Beeinträchtigungen brauchen klare Regeln.
> - Suchen Sie Kontakt mit anderen Eltern der Kindertagesstätte.
> - Lassen Sie sich von Mitarbeiterinnen der Frühförderung beraten, die Ihre Familiensituation kennen.
> - Verschaffen Sie sich einen Eindruck von der Einrichtung, indem Sie dort einen Tag hospitieren. (Dies muss natürlich rechtzeitig angemeldet werden.)

Worum es geht: Schule

Auch schwerstmehrfachbehinderte Kinder unterliegen der Schulpflicht. Sie haben mittlerweile das Recht, gemeinsam mit Kindern ohne Behinderung unterrichtet zu werden. Es besteht jedoch kein Anrecht auf eine

13. KAPITEL

bestimmte Schule, zum Beispiel den Besuch eines Gymnasiums für ein schwer geistig behindertes Kind.

Gut zu wissen: Der Förderausschuss

In Deutschland gibt es für jedes Kind mit sonderpädagogischem Förderbedarf vor der Einschulung einen Förderausschuss. Seine Aufgabe ist es, eine Empfehlung über Art, Umfang und Organisation der sonderpädagogischen Förderung des Kindes auszusprechen. Im Förderausschuss beraten Sie mit Pädagogen darüber, wie Ihr Kind am besten in der Schule gefördert wird.

In unserem Fall nahmen teil: die Schulleiterin, eine Sonderpädagogin, eine Mitarbeiterin vom Gesundheitsamt, die Schulpsychologin, die Klassenlehrerin sowie wir als Erziehungsberechtigte. Im Fördergutachten wurden die Lebensumstände und der Entwicklungsstand unserer Tochter beschrieben, ihre Schulkarriere aufgelistet und dann ihr Leistungsvermögen eingeschätzt. Anschließend wurde eine Empfehlung ausgesprochen, wobei hierbei die Einschätzungen der einzelnen Experten durchaus unterschiedlich ausfallen können.

Eigene Erfahrungen

Heute ist das Wort »Inklusion« in aller Munde. Vor über 20 Jahren wurden wir als Exoten belächelt, da wir angesichts der Bedürfnisse unserer Tochter für eine gemeinsame Förderung kämpften. Gegenwärtig jedoch geht man gerne ins andere Extrem: In Berlin schaffte man einen großen Teil der Förderschulen ab, das heißt Eltern und Schüler haben erneut kaum eine Wahl; Schüler mit Beeinträchtigungen, egal welcher Art, werden in die Inklusion gedrängt.

So wie die erzwungene, gesonderte Förderung zur Diskriminierung führt, so kann auch eine erzwungene Inklusion nicht allen Kindern gerecht werden. Autistische Schüler zum Beispiel leiden zum größten

Teil sogar unter großen, unüberschaubaren Lerngruppen, wie sie in Gesamtschulen vorherrschen.

Bis zur vierten Klasse fühlte sich unsere Tochter in der inklusiven Beschulung sehr wohl. Als später die Wissensschere immer größer wurde, gaben uns die Lehrer zu verstehen, dass sie mit ihrem Latein am Ende seien und sie auch für die anderen Kinder da sein müssten. Im Klartext hieß dies, dass unsere Tochter einfach störte. Heute, im Zeitalter der Inklusion gibt es den sogenannten »Inklusionslehrer«, der versucht, den Schüler mit Behinderung nach Möglichkeit im Klassenverband zu beschulen oder ihn in einem anderen, ruhigeren Raum zu fördern und zu fordern. Da die Inklusionslehrer nicht zwingend Sonderpädagogen sind, müssen Fortbildungen und guter Wille vorhanden sein, um dem besonderen Kind gerecht zu werden.

Insgesamt wird versucht, Eltern die Inklusion als Allheilmittel zu verkaufen. Dabei wird aber gerne verschwiegen, dass es auch ein Mittel war und ist, um Kosten im Schuletat zu sparen. Erschwerend kommt der Lehrermangel hinzu, der es häufig nicht ermöglicht, einen Zusatzlehrer für einige wenige Schüler zur Verfügung zu stellen.

Eine echte Wahl würde bedeuten, zwischen einer geeigneten Förderschule und der Inklusion wählen zu können. Bei der Auswahl einer Schule sollten Sie sowohl eine geeignete Förderschule als auch eine mögliche Regelschule in Betracht ziehen.

Für junge Erwachsene sollte es mehr inklusive Projekte geben. Unsere Tochter hätte sich Möglichkeiten der Begegnung mit gleichaltrigen, nicht behinderten Jugendlichen sehr gewünscht. Ein groß angekündigtes, von der Kennedy-Familie angestoßenes »Buddyprojekt« versandete in Berlin klanglos mangels Bewerbern ohne Behinderung. Leider hatten und haben behinderte Menschen keine Lobby und es bringt wenig Medienpräsenz, Geld für sie zu sammeln oder sich für sie zu engagieren.

13. KAPITEL

Orientierungshilfen bei der Wahl einer Schule

Welche Schule ist die Beste für Ihr Kind? Seitdem Eltern die Schulform wählen können, ist eine Entscheidung oft schwierig. Soll es eine Förderschule sein, wo das Kind speziell gefördert wird? Oder eine Regelschule, wo das Kind mit nicht behinderten Schülern nach dem allgemeinen Lehrplan oder einem der Behinderung des Kindes angepassten Lehrplan unterrichtet wird?

Zurzeit wird in Deutschland fast jedes zweite Kind mit Beeinträchtigungen an einer Regelschule unterrichtet, an über 2/3 der Grundschulen ist Inklusion inzwischen üblich.

Was sollten Eltern beachten, wenn ihr Kind mit Förderbedarf eingeschult werden soll? Welche Kriterien sollten die Schulwahl bestimmen? Was sind die Vor- und Nachteile der verschiedenen Schulformen?

Um überhaupt wählen zu können, muss man um die Alternativen wissen, also unterschiedliche Schulen besuchen und sich vor Ort informieren.

Gut zu wissen: Was ist das Besondere an Förderschulen?

Förderschulen, auch Förderzentren oder Schulen mit sonderpädagogischem Förderschwerpunkt genannt, haben unterschiedliche Förderschwerpunkte. Je nach Art der Behinderung werden Kinder dort besonders unterstützt. Ein Kind mit Trisomie 21 benötigt einen völlig anderen Förderbedarf als ein seh-, hör- oder motorisch beeinträchtigtes Kind.

Die Kultusministerkonferenz unterscheidet folgende Förderschwerpunkte:

- *Emotionale und soziale Entwicklung*
- *Geistige Entwicklung*
- *Hören und Kommunikation*
- *Körperliche und motorische Entwicklung*
- *Lernen*

- *Sehen*
- *Sprache*
- *Autismus*

Förderschulen verfügen oft über ein umfangreicheres, spezialisiertes Personal sowie kleinere Klassen, geringere Anforderungen bei Lerninhalten und die Möglichkeit eines Fahrdienstes. In Förderschulen können auch Abschlüsse der allgemeinen Schulen erworben werden. In vielen Fällen ist also die differenzierte und individuellere Beschulung eines besonderen Kindes in einer spezialisierten Förderschule gegenüber einem inklusiven Ansatz vorzuziehen.

Andererseits befinden sich Förderschulen häufig weit weg vom Wohnort, sodass weniger Sozialkontakte mit den Nachbarkindern möglich sind. Ferner kann der selbstverständliche Umgang mit Verschiedenheit in Sondereinrichtungen weniger erlernt werden, da man unter sich bleibt. An Förderschulen mit den Schwerpunkten »Geistige Entwicklung«, »Lernen« und »Autismus« erreichen 77 Prozent der Schüler keinen Schulabschluss und haben dementsprechend eingeschränkte Berufsaussichten.[18]

Gut zu wissen: Was spricht für inklusive Regelschulen?

Regelschulen mit Inklusion sind meist wohnortnah. Dadurch entfallen lange Wege und das soziale Umfeld des Kindes bleibt erhalten. Durch die Möglichkeit, von den anderen Kindern zu lernen, ist der Lernanreiz größer und damit oft auch der Lernerfolg. Leistungsstarke und leistungsschwache Schülerinnen und Schüler profitieren vom gemeinsamen Unterricht. Die Kinder bekommen schnell ein Gespür füreinander und wachsen zu einer Gemeinschaft zusammen. Gemeinsames Lernen kann gelingen, wenn genug Fachkräfte, Ressourcen und Akzeptanz da sind.

Im Idealfall wird der Unterricht an die Bedürfnisse eines Kindes mit Förderbedarf angepasst. Sind dann noch die notwendigen Lern- und Lehrmittel vorhanden, ist die Zugänglichkeit des Gebäudes sichergestellt

13. KAPITEL

und eine entsprechende Unterstützung der Lehrkräfte durch speziell ausgebildete Sonderpädagogen gegeben, dann erfolgt die größtmögliche Förderung. Kann eine Behinderung durch technische und bauliche Mittel oder mit Hilfe zusätzlicher Fachkräfte kompensiert werden, steht der Inklusion nichts im Wege. Dies ist aber häufig nicht gegeben, denn das Personal zur Inklusion fehlt noch fast überall.

Besondere Kinder können in einer inklusiven Klasse unter Leistungsdruck geraten und überfordert sein, weil sie täglich mit ihrem Anderssein konfrontiert werden.

Eine pauschale Empfehlung für die Förderschule oder die Regelschule kann es nicht geben, da es um die individuellen Bedürfnisse sowie das Gesamtwohl des Kindes geht. Zum Beispiel ist die Inklusion eines körperbehinderten Kindes in die Regelschule absolut empfehlenswert, es sei denn, die Schule ist nicht barrierefrei. Laut einer Umfrage der Bertelsmann-Stiftung[19] von 2015 sehen 58 Prozent der Eltern, die Erfahrung mit Inklusion haben, in den speziellen Förderschulen die bessere Lernumgebung.

Kurz & knapp

Welche Schule passt zu unserem Kind?

Um diese Frage zu beantworten, helfen folgende Fragen, welche die Caritas[20] zusammengestellt hat:

- Welchen Unterstützungsbedarf hat mein Kind, damit es in der Schule gut lernen kann? Wie müsste die Schule also aussehen? (Ist Pflege notwendig? Müssen bestimmte Anforderungen an Barrierefreiheit erfüllt sein? Gibt es spezielle Bedürfnisse aufgrund von Sinnesbehinderung oder Sprachbehinderung? Benötigt mein Kind unterstützte Kommunikation? Welche Gruppengröße ist gut für mein Kind?)

- Welche sonderpädagogischen Hilfen sind notwendig, um mein Kind zu unterstützen? (Stehen die notwendigen Fachleute zur Verfügung? Werden Ziele, Inhalte und Methoden an die Behinderung angepasst?)
- Ist eine Förderschule (in einzelnen Bundesländern »Sonderschule«) oder eine allgemeine Schule richtig für mein Kind? (Wie geht man an der Schule mit der Unterschiedlichkeit von Kindern um? Wie offen ist die Schule? Ist sie barrierefrei und behindertengerecht? Welche assistierenden und sonderpädagogischen/therapeutischen Hilfen können dort umgesetzt werden?)

Sollte sich nach einigen Schuljahren herausstellen, dass die Schule, die Ihr Kind besucht, doch nicht die richtige ist, besteht die Möglichkeit, die Schule zu wechseln.

Kurz & knapp

Kinder und Jugendliche mit besonderem Förderbedarf erhalten für den Schulbesuch an Regelschulen Hilfen. Schulbegleiter, assistierende Hilfe oder Integrationshilfen werden über die Eingliederungshilfe beim zuständigen Sozialhilfeträger beantragt.

Ermutigung von anderen Eltern

In unseren Interviews mit Eltern von Kindern mit Behinderung haben wir folgende Aussagen gehört:

- *Um überhaupt eine Wahl treffen zu können, muss man Alternativen kennen lernen, also verschiedene Schulen besuchen und sich dort vor Ort erkundigen.*

13. KAPITEL

- *In der Frage »Welche Schule für mein Kind?« gibt es nicht die eine Antwort.*
- *Haben Sie keine Angst vor Autoritäten und seien Sie sich bewusst, dass Sie selbst der Experte für Ihr Kind sind.*

Mehr Informationen zu Inklusion

Deutscher Bildungsserver, *Inklusion:* *https://www.bildungsserver.de/Inklusion-10987-de.html*

Deutscher Bildungsserver, *Inklusive Schule in den Bundesländern: https://www.bildungsserver.de/Inklusive-Schule-in-den-Bundeslaendern--11009-de.html*

Susanne Meier: *Inklusive Beschulung für ein Kind mit schwerer Behinderung? Ein langer Weg, der sich lohnt – für alle!* (Erfahrungsbericht) *http://www.netzwerkinklusion.de/assets/default/Geschichten/Meier_161039.pdf*

Beratungsstelle für Inklusion mittendrin e. V., Luxemburger Str. 189, 50939 Köln, Telefon 02 21/3 37 76 30, E-Mail *info@mittendrin-koeln.de*

»Wegweiser für Eltern zum Gemeinsamen Unterricht« als pdf-Dokument: *http://www.jena.de/fm/1727/wegweiser_gemeinsamer_unterricht.pdf*

Worum es geht: Beruf

Ausbildung: Jugendliche mit Handicap haben bei der Ausbildungssuche im Prinzip freie Wahl. Da aufgrund der Schwere der Behinderung nicht alle Tätigkeiten ausgeübt werden können, gibt es auch Berufe für Menschen mit Behinderung, die auf spezielle Bedürfnisse zugeschnitten sind. Von »behindert« spricht man heute kaum noch, dagegen ist die Rede von »förderbedürftig«. Scheint eine Ausbildung in einem herkömmlichen Betrieb nicht möglich, gibt es die Möglichkeit einer außerbetrieblichen Ausbildung in einer Werkstatt für behinderte Menschen.

Gut zu wissen: Einen Ausbildungsplatz finden mit Behinderung

Ein Patentrezept, um eine passende Ausbildung oder den richtigen Beruf zu finden, gibt es nicht. So individuell die besonderen Menschen sind, so individuell ist ihr Weg in der beruflichen Ausbildung und im späteren Beruf.

Auf der Suche nach einer Ausbildung bietet die Agentur für Arbeit zunächst ein Gespräch zur beruflichen Orientierung an. Darüber hinaus gibt es spezielle Förderangebote, eine passende Berufsausbildung zu finden. Ein Berufsorientierungsjahr oder Kurse zur Vorbereitung auf einen speziellen Beruf werden zum Beispiel im Rahmen der berufsvorbereitenden Bildungsmaßnahme angeboten, vermittelt und finanziell gefördert. Damit sollen die Jugendlichen für die Anforderungen auf das Arbeitsleben vorbereitet werden. Ein Praktikum kann bei der beruflichen Orientierung sehr hilfreich sein.

Berufsbildungswerke

Berufsbildungswerke bieten Ausbildungen speziell für beeinträchtigte Jugendliche an. Ihre Ausstattung ist auf die besonderen Bedürfnisse von Jugendlichen mit Unterstützungsbedarf abgestimmt, wobei theoretisch eine Ausbildung in über 240 staatlich anerkannten Berufen möglich ist, die auf dem normalen Arbeitsmarkt ausgeübt werden können.

Werkstätten für behinderte Menschen

Falls Ihr Kind auf besondere Unterstützung angewiesen ist oder keine Chance besteht, eine Ausbildungsstelle auf dem allgemeinen Arbeitsmarkt zu finden, besteht die Möglichkeit, eine berufsbildende Qualifizierungsmaßnahme in einer Werkstatt für behinderte Menschen zu absolvieren. Diese Werkstätten haben die Aufgabe, die Jugendlichen für eine feste Beschäftigung in den Werkstätten oder auf dem allgemeinen Arbeitsmarkt zu qualifizieren. In einem Eingangsverfahren wird geklärt, ob die Werkstatt die geeignete Einrichtung für die Jugendlichen ist. Dabei wird ein Eingliederungsplan aufgestellt, der u. a. Aussagen über die notwendigen Fördermaßnahmen und die beruflichen Aussichten enthält.

Berufsbildungsbereiche in den Werkstätten für behinderte Menschen

Der Berufsbildungsbereich der Werkstätten vermittelt berufliche Kenntnisse und Fertigkeiten. Die Teilnehmer lernen die unterschiedlichen Arbeitsfelder in einem oder mehreren Tätigkeitsbereichen kennen. Neben den beruflichen Kompetenzen werden auch soziale und lebenspraktische Fähigkeiten der Teilnehmer gefördert, zum Beispiel das Sozial- und Arbeitsverhalten. Sollte nach dem Berufsbildungsbereich keine Vermittlung auf dem ersten Arbeitsmarkt möglich sein, erfolgt eine Anstellung in einer Werkstatt. Dann wird ein Werkstattvertrag abgeschlossen und die Beschäftigen erhalten ein monatliches Entgelt, sie sind kranken-, pflege-, unfall- und rentenversichert.

Ein Werkstattplatz ist aber kein Arbeitsplatz im klassischen Sinne mit Mindestlohnanspruch, sondern ein Reha-Angebot. So erhält ein Werkstattbeschäftigter nur ein geringes Werkstattentgelt, das mindestens 80 Euro pro Monat betragen muss.

Die Arbeitsfelder reichen von Montage und Sortier- und Verpackungsarbeiten über Garten- und Landschaftspflege und EDV-Dienstleistungen bis zur Herstellung von Eigenprodukten, wie zum Beispiel Möbel, Holzspielwaren, Textilien oder Kunstprodukten.

Spezielle Förder- und Betreuungsbereiche in den Werkstätten

Schwerst- und mehrfach behinderte Jugendliche, die mit den Arbeiten der Werkstatt überfordert sind, erhalten spezielle Förderung und Betreuung. Manche Werkstätten verfügen auch über Tagesförderstätten mit besonders intensiver Begleitung, Förderung und Pflege. Neben leichten Produktionsarbeiten werden dabei lebenspraktische Fähigkeiten geschult.

Welche Aufgaben hat das Integrationsamt?

Das Integrationsamt ist für behindertenspezifische Anpassungen und Leistungen am Arbeitsplatz zuständig. Es bezahlt außerdem erforderliche Umbauten, Einrichtungen oder Hilfsmittel und Dienstleistungen, um eine behindertengerechte Umgebung zu gewährleisten.

Eigene Erfahrungen

Wir erinnern uns an ein großes Durcheinander beim Übergang unserer Tochter von der Schule zur Ausbildung. In der 9. Klasse prognostizierte man, dass sie kein Abschlusszeugnis (zum Beispiel Hauptschulabschluss) erreichen, sondern nur ein Abgangszeugnis erhalten würde. Daher konnte sie nicht an »BO 10« sondern nur an »BESO 10« teilnehmen. Was ist das?, werden Sie fragen. Uns erging es auch so, und lange Zeit durchschauten wir die Möglichkeiten einer Ausbildung nicht. Es ist einfach sehr kompliziert.

Leider wird in diesem Bereich immer noch oft mit unverständlichen Begriffen und Abkürzungen gearbeitet, die sich von Bundesland zu Bundesland unterscheiden. Damals bedeutete »BO 10« berufsorientierter Lehrgang in Kooperation mit einer Firma und »BESO 10« beschäftigungsorientierter Lehrgang. Inzwischen haben sich die Bezeichnungen geändert.

Unsere Tochter absolvierte tapfer zahlreiche Praktika im Bereich Hauswirtschaft, der sie interessierte. Der Gartenbau, wegen der »schmutzigen Finger«, kam für sie nicht in Frage. In einem Berufsbildungswerk lernte Bernadette die Tätigkeit als Servicekraft in einem Hotel kennen. Nach der zweijährigen Ausbildung – die trotz intensiver Kenntnisvermittlung ohne einen Berufsabschluss endete, da es sich um einen beschäftigungsorientierten Lehrgang handelte – war guter Rat teuer.

Wieder wussten wir nicht, wie es weitergehen sollte, da wir die komplizierten Strukturen und Fördermaßnahmen der Beschäftigungsmöglichkeiten nicht durchschauten. Durch intensives Nachfragen und

13. KAPITEL

Klinkenputzen unsererseits entdeckten wir Anstellungen für unser Kind: Bernadette arbeitete vier Jahre in zwei verschiedenen Integrationsbetrieben auf dem ersten Arbeitsmarkt, u. a. als Hilfsbetreuerin alter Menschen und in der Küche. Nachdem die Fördergelder für diese Betriebe jeweils ausgelaufen waren, wurde unsere Tochter bei der Arbeit sich selbst überlassen, das heißt die arbeitsunterstützenden Maßnahmen wurden gänzlich eingestellt und ihr die Kündigung nahegelegt. Seit diesen niederschmetternden Erfahrungen arbeitet Bernadette in einer Werkstatt für behinderte Menschen und ist dort sehr zufrieden.

Sie sehen: Wir Eltern brauchen jede Unterstützung, um mit den besonderen Situationen angemessen umgehen zu können. Dies haben wir gelernt: Immer wieder nachfragen, sich nicht abwimmeln lassen und sich informieren, mit anderen Worten: Kämpfen für die Rechte unserer Kinder.

Persönliche Stärke erfahren

- Ich weiß, dass die Suche nach einer Ausbildung oder einem Beruf bei keiner Familie reibungslos verläuft. Ich lasse mich dadurch aber nicht entmutigen.
- Ich kann mit den dabei auftretenden gesundheitlichen Problemen, Ausgrenzungen meines Kindes oder Widerständen seitens der Behörden umgehen, denn auf diesem Gebiet bin ich bereits seit Jahren Experte.
- Ich setze ein, was mich seit langem auszeichnet: Verhandlungsgeschick, Ausdauer, Kreativität, gute Nerven und Trost, wenn etwas nicht klappt.

Gut zu wissen

Besondere Menschen sind im Beruf meist sehr zuverlässig und üben ihre Arbeit engagiert aus, fehlen selten wegen Krankheit und identifizieren sich mit ihrer Firma.

Mehr Informationen zu Ausbildung und Beruf

Wenn Sie die Frage umtreibt, wie eine Beschäftigung auf dem ersten Arbeitsmarkt für Ihr Kind möglich werden kann, finden Sie Beispiele in dem Buch »*Was soll aus diesem Kind bloß werden?« 7 Lebensläufe von Menschen mit Down-Syndrom* von Holm Schneider.

Eine übersichtliche Darstellung der Angebote der Berufsbildungswerke findet sich unter *www.bagbbw.de*.

Hier findet man alle Ausbildungsberufe für Menschen mit Behinderung: *planet-beruf.de/schuelerinnen/mein-beruf/berufe-von-a-z/uebersicht-der-ausbildungsberufe-fuer-menschen-mit-behinderungen/*

www.rehadat-bildung.de/de/berufe-und-co/Behinderung-und-Beruf/index.html

Weitere Informationen zur Ausbildungssuche, Berufsausbildungsbeihilfe und Übergangsgeld für Behinderte: *www.arbeitsagentur.de/web/content/DE/BuergerinnenUndBuerger/MenschenmitBehinderung/AusundWeiterbildung/index.htm*

13. KAPITEL

Ein Text für stille Momente

»Der Professor kannte einige junge Menschen mit Down-Syndrom. [...] Aber noch nie hatte er ernsthaft darüber nachgedacht, einen von ihnen als Mitarbeiter zu beschäftigen, auch nicht im Rahmen eines Praktikums. Weil dies auf Patienten und Klinikangestellte befremdlich wirken könnte? Je länger er überlegte, desto klarer wurde ihm, dass solche Argumente sich nur am Einzelfall prüfen ließen und nicht dagegen sprachen, es mit der jungen Frau zu versuchen. [...] Der Professor telefonierte mit Freunden, die ihm Zeitungsartikel schickten. An den Wochenenden forschte er im Internet nach und erfuhr von immer mehr Erwachsenen mit Down-Syndrom, die dort Arbeit gefunden hatten, wo andere auch arbeiten. Weil über den Weg dahin aber meistens nichts zu lesen war, bat er Eltern, ihm davon zu erzählen.«[21]

14.
»WIE SOLL ES EINMAL WEITERGEHEN?«
Auch Kinder mit Behinderung werden erwachsen

»Loslassen ist eine unserer wichtigsten Aufgaben als Eltern.«
Christiane Müller-Zurek

In diesem Kapitel erfahren Sie:

- wie Ablösung gelingen kann
- welche Wohnformen es gibt
- warum Selbständigkeit so wichtig ist
- dass Sie über ein Behindertentestament nachdenken sollten

Eltern berichten

I. Als meine behinderte Tochter Meike erwachsen wurde, also die Schule und einige Praktika absolviert hatte, begannen wir mit der Suche nach einer geeigneten Wohngemeinschaft für sie. Diese Suche dauerte einige Zeit. Im Nachhinein würde ich heute früher damit beginnen. Glücklicherweise haben wir dann eine WG in der Nähe unseres Wohnortes gefunden, mit Hilfe unserer katholischen Gemeinde. Denn unsere Tochter geht gern zur Kirche, da bot es sich an, eine kirchliche Einrichtung zu suchen. Der Sozialdienst katholischer Frauen hat uns da sehr weitergeholfen.

Karin, 51 Jahre

II. Unser Sohn Jan, ein Down-Syndrom-Kind, wollte schon mit knapp 18 ausziehen, weil Bekannte von uns ebenfalls in diesem Alter das Haus verlassen haben. Es war schwierig, ihm zu erklären, dass er noch nicht so weit sei … Wir haben dann eine Wohn-Vorbereitungsgruppe der *Lebenshilfe* besucht, die regelmäßig stattfand. Dort trafen sich Jugendliche, um das Zusammenleben zu üben (gemeinsames Kochen, Einkaufen und Aufräumen etc.). Darüber haben wir dann zwei Jahre später etwas Passendes für unseren Sohn gefunden: eine betreute Wohngemeinschaft.

Heike und Uwe, 48 und 52 Jahre

III. Seitdem unsere geistig behinderte Tochter in einer tagsüber betreuten WG lebt, sind wir sehr zuversichtlich, was die Zukunft betrifft. Sie ist mit 25 Jahren dort eingezogen, nachdem sie auch einige Monate allein gelebt hatte. Sie fand mit unserer Hilfe eine kleine Wohnung in der Nähe unseres Hauses. Doch obwohl sie eine staatliche Betreuerin und natürlich uns, ihre Familie, an ihrer Seite hatte, kam sie mit der Einsamkeit als Alleinlebende nicht zurecht.

Die betreute WG war und ist für uns alle ein Segen, ein Geschenk des Himmels, zumal wir auch sehr zufrieden mit den Betreuerinnen und ihrer Arbeit sind!

Britta, 50 Jahre

Worum es geht: Sorge um die Zukunft

Die meisten Eltern empfinden die Sorge um die Zukunft des Kindes als sehr belastend. Mit dem Erwachsenwerden von Kindern mit Behinderung müssen Eltern sich auf eine neue Situation einstellen. Neben die Perspektive der Eltern, lebenslang Verantwortung zu übernehmen, tritt das Verlangen des Kindes, ein selbstbestimmtes Leben zu führen. Bei vielen Eltern kommen Bedenken, Ängste und Unsicherheiten auf, ob ein Kind mit kognitiven Beeinträchtigungen zum Beispiel die Anforderungen des Alltags, in der Freizeit, bezüglich Sozialkontakten und im Konsumverhalten meistern kann. Sie sehen primär die Probleme in der Lebensgestaltung und beim Unterstützungsbedarf. Eine sehr enge emotionale Verbindung erschwert ebenfalls die Ablösung des besonderen Kindes vom Elternhaus.

Spätestens bei Krankheit oder Tod eines Elternteils stellt sich die Frage nach der Versorgung, Pflege und Unterbringung des beeinträchtigten Angehörigen mit großer Dringlichkeit. Soweit sollten Sie es nicht kommen lassen. Es ist nie zu spät für mehr Selbständigkeit. Ihr besonderes erwachsenes Kind wünscht sich nämlich genauso wie alle »normalen« Erwachsenen ein eigenständiges Leben und wird stolz sein auf alles, was es allein oder mit Hilfestellung meistern kann. Lassen Sie sich daher bei der Zukunftsplanung keinesfalls von Ängsten und Bedenken beherrschen und leiten.

Mehr Informationen zu Volljährigkeit

Katja Kruse und Sebastian Tenbergen, *18 werden mit Behinderung: Was ändert sich bei Volljährigkeit?* (Im Internet als pdf-Datei: *bvkm.de/wp-content/uploads/2016-18werden-Stand-19-5-2016-ohne-Beschnittzeichen.pdf*)

Entwicklungspotenzial: Selbständigkeit

Etwa 60 Prozent der kognitiv beeinträchtigten Erwachsenen leben bei ihren Eltern, was oft mit einer sehr engen Elternbindung, geringer Selbständigkeit, mangelnder Eigenverantwortung sowie unzureichenden sozialen Kontakten einhergeht. Ziel muss es sein, behinderte Menschen zu einem selbstbestimmten Leben zu ermutigen und befähigen.

Manche Eltern neigen dazu, sich hilflos zu stellen, um möglichst viel Unterstützung zu bekommen. Damit schaden sie sich und der Selbständigkeit ihres Kindes. Fragen Sie sich, wo eine Assistenz oder zum Beispiel ein Schulbegleiter wirklich nötig ist. Ein Zuviel an Unterstützung macht ein Kind unselbständig.

Es geht um die Balance: Was kann mein Kind, wo führt Unterstützung sogar zu anerzogener Hilflosigkeit und wo ist Hilfe wirklich nötig? Braucht Ihr Kind im Kindergarten tatsächlich eine Assistenz oder muss es mit einem Fahrdienst abgeholt werden? Wäre es längerfristig nicht besser, mit dem Kind den Weg zu üben?

Manchmal braucht es einen Anstoß: Um die Selbständigkeit Ihres Kindes zu fördern, fragen Sie sich immer wieder einmal: Wie können Sie es motivieren, selbständiger zu sein? Gibt es Situationen, wo Ihr Kind ganz einfach zu bequem ist, etwas zu tun, oder wo durchaus mehr möglich wäre? Zum Beispiel morgens: Wieso zieht mein Kind seine Jacke nicht selbständig an? Das kann ein Anstoß sein, mit dem Kind mehr Selbständigkeit einzuüben und Ihnen gleichzeitig Entlastung zu verschaffen (siehe Seite 124).

Mehr Informationen zu Selbständigkeit

Informationen für behinderte Menschen, ihre Träume und Zukunftsplanungen: *www.persoenliche-zukunftsplanung.de*

Interessenvertretung »Selbstbestimmt Leben« in Deutschland: *www.isl-ev.de*

»Netzwerk Menschen zuerst«, das Menschen mit Lernschwierigkeiten stärken möchte: *www.menschzuerst.de*

Verbreiteter Irrtum: »Später werden sich einmal die Geschwister um das besondere Kind kümmern«

Diese Hoffnung ist verständlich – aber sie ist unrealistisch und in den meisten Fällen unzumutbar. Viele Eltern wünschen und planen ein

Zusammenleben der Geschwister. Zum Beispiel bauen sie in ihrem Haus eine Einliegerwohnung, damit die Geschwister später in einem Haus zusammen leben können. Seien Sie sich bewusst, mit welcher Verantwortung Sie Ihre anderen Kinder durch diese lebenslange Fürsorgepflicht belasten würden. Sie sollten die Freiheit haben, ihr eigenes Leben zu leben.

Entwicklungspotenzial: Wohnformen

Eine sinnvolle Alternative ist die rechtzeitige Suche nach einer Wohngemeinschaft oder einem Wohnheim. In solch einer Konstellation ist es in der Regel ohne weiteres möglich, einander zu besuchen und sich als Familie zu sehen. Gemeinsame Unternehmungen werden geplant, aber die individuelle Lebensgestaltung bleibt für alle Mitglieder der Familie erhalten.

Welche Wohnformen gibt es?

Betreutes (oder »ambulantes«) Einzelwohnen: Hier wohnt man in einer eigenen Wohnung, wird aber unterstützt bei Erledigungen oder bei der Hausarbeit, je nachdem, wo Hilfe benötigt wird.

Wohngemeinschaft: Hier wohnen mehrere Personen zusammen, die jeweils ihr Einzelzimmer haben. Es gibt erfahrungsgemäß einen Gemeinschaftsraum, eine Küche und ein Bad. Zwei bis drei Betreuer sind für mehrere Stunden am Tag in der Wohnung.

Wohnstätte/Wohnheim: In dem Haus gibt es mehrere Wohngruppen, in denen jeder sein eigenes Zimmer hat, man aber in einer Gruppe zusammen lebt. Die Betreuer sind immer anwesend.

Einfach mal nachgefragt:

Wenn Sie sich entschließen, einen betreuten Wohnplatz zu suchen – wie geht es dem betroffenen jungen Erwachsenen damit; wie der Mutter und dem Vater?

Kurz & knapp

Rechtzeitig Selbständigkeit einüben

- Treffen Sie frühzeitig Entscheidungen.
- Ihr erwachsenes Kind hat ein Recht auf ein begleitetes, aber selbständiges Leben.
- Als Eltern haben Sie die Pflicht, an eine eigenständige Zukunft Ihres Kindes zu denken.
- Machen Sie sich frei von dem Gedanken, Sie würden Ihr erwachsenes Kind »abschieben«. Durch das Wohnen in einer Einrichtung teilen Sie die Verantwortung mit professionellen Helfern, was ein Gewinn für Sie und das Kind bedeutet.
- Das erwachsene Kind macht neue Erfahrungen, knüpft neue Kontakte und erhält Anregungen zur Entwicklung seiner Fähigkeiten und seiner Persönlichkeit.

Von der Herausforderung zum persönlichen Gewinn: Selbstbestimmung

Mit der Idee der Selbstbestimmung des Kindes werden die Eltern spätestens mit dem 18. Geburtstag konfrontiert. Dabei kommen oft ambivalente Gefühle hoch: Trennungsschmerz, Trauer über das Ende der gemeinschaftlichen Zeit oder das Gefühl, das Kind abzuschieben und es nicht ausreichend vorbereitet zu haben. Auch wir haben diese Gefühlswallungen hautnah erlebt: Bei unserer besonderen Tochter – aber genauso bei unseren Söhnen, als sie zum Studieren auszogen. Das gehört zum Elternsein dazu. Vergessen Sie darüber nicht die Freude, wenn die Ablösung im Laufe der Zeit gelungen ist, Sie Ihr Kind auf einem guten Weg wissen und die Beziehungen eine neue Qualität entwickeln.

Mit dem Auszug des Kindes enden nicht die familiären Beziehungen oder die sozialen Kontakte und die emotionale Nähe zueinander. Bedenken Sie auch: Jetzt haben Sie die Möglichkeit, eigenen Bedürfnissen nachzugehen, die Sie lange Zeit zurückgestellt haben. Neue Freiheiten und Lebensperspektiven eröffnen sich. Sie haben nun nicht mehr allein die Verantwortung für Ihr Kind, bleiben aber Ansprechpartner und Begleiter und setzen sich weiterhin für seine Interessen und Anliegen ein.

Entwicklungspotenzial: So kann die Ablösung gelingen

Der Weg in diese Selbständigkeit muss vorbereitet werden. Suchen Sie Unterstützung im Rahmen des Austauschs mit Betroffenen und Wohnprojekten, zum Beispiel der *Lebenshilfe* oder dem Sozialdienst katholischer Frauen. Die Art des Wohnens ist für die Entwicklung der Persönlichkeit von großer Bedeutung. Je selbständiger ein Mensch mit Behinderung ist, desto mehr Möglichkeiten des Wohnens stehen ihm offen.

Um die richtige Wohnform zu finden, gibt es häufig Wohntrainings. Wir haben seinerzeit einige Monate lang einen Wohnvorbereitungskurs der *Lebenshilfe* mit unserer damals 20-jährigen Tochter besucht, der uns allen weitergeholfen hat. Übungsfelder für ein selbstbestimmtes Leben sind zum Beispiel die Teilnahme an Freizeiten oder Reisen, aber auch Einkäufe, Kochen, Saubermachen und der Umgang mit Geld. Suchen Sie sich solche Bereiche, die die Selbständigkeit und Unabhängigkeit Ihres Kindes fördern und Sie somit aus Ihrer alleinigen Verantwortung entlassen.

> **Persönliche Stärke erfahren**
>
> - Sie machen sich Gedanken über die Zukunft Ihres Kindes, wenn Sie einmal nicht mehr leben.
> - Sie fördern im Alltag die Selbständigkeit Ihres Kindes.
> - Sie sind bereit, mit Ihrem Kind über die Zeit nach Ihrem Tod zu reden.

Verbreiteter Irrtum: »Mit einem gewöhnlichen Testament kann ich mein Kind absichern«

Das eigene Kind gut versorgt zu wissen, ist für Eltern besonderer Kinder sehr wichtig. Es soll nämlich nach dem Tod der Eltern in den vollständigen Genuss seines Erbes kommen, was das deutsche Erbrecht allerdings zunächst erschwert. Lebt und arbeitet zum Beispiel ein Mensch mit Handicap in einer Einrichtungen, die vom Sozialhilfeträger unterstützt wird, dann hat der Sozialhilfeträger Zugriff auf das Erbe.

Die rechtliche Begründung dafür ist einfach: Sozialhilfe steht nur dem zu, der sich selbst nicht helfen kann. Zuerst muss der Bedürftige sein eigenes Vermögen einsetzen. Der besondere Mensch hat die Kosten für seine Betreuung unter Einsatz des eigenen Vermögens (mit wenigen Ausnahmen) selbst zu tragen.

Dies bedeutet: Das Vermögen des erbenden Kindes geht verloren. Oft bleibt dann für seine Wünsche und Bedürfnisse – die über das Maß der Sozialhilfe hinausgehen – von der Erbschaft nichts übrig. Wenn Eltern die durch das Erbrecht angebotenen Möglichkeiten nutzen und entsprechende testamentarische Verfügungen treffen, dann lässt sich der Zugriff des Sozialhilfeträgers allerdings abmildern, oft sogar ganz vermeiden.

Daher ist es elementar wichtig, sich beraten zu lassen und ein sogenanntes »Behindertentestament« aufzusetzen. Welche Gestaltungsmöglichkeiten im Einzelfall am besten sind, sollten Sie mit Hilfe eines Notars oder Fachanwalts erarbeiten.

14. KAPITEL

Mehr Informationen

Testament: Broschüre des Bundesverbandes für Körper- und mehrfachbehinderte Menschen zum Vererben an Menschen mit Behinderung: *www.bvkm.de/fileadmin/web_data/pdf/Rechtsratgeber/2015-Vererben_online.pdf*

Informationen und eine Liste von Rechtsberatern in vielen deutschen Städten: *www.lebenshilfe.de/de/themen-recht/artikel/Behindertentestament.php*

Ein Text für stille Momente

Eines Tages wurde einer Frau ihr Sorgensack zu schwer. Sie schien darunter zu zerbrechen und wusste nicht mehr, wie sie es schaffen sollte, ihn weiter zu tragen. Sie hatte aber von einer Höhle im Wald gehört, in der man seinen Sorgensack loswerden konnte.

So machte sie sich auf den Weg und fand die Höhle, vor der ein alter Mann saß.

»Ich möchte meinen Sorgensack loswerden«, sagte sie.

Der Alte antwortet: »Das können Sie hier gerne tun. Es gibt eine Bedingung: In der Höhle stehen viele Sorgensäcke, und Sie können Ihren nur loswerden, wenn Sie ihn gegen einen anderen umtauschen.«

Die Frau war einverstanden und trat in die Höhle, wo viele Sorgensäcke herumstanden. Eilig rannte sie von Sack zu Sack und schaute hinein. Enttäuscht band sie jeden schnell wieder zu.

Nach langem Suchen gab sie auf, nahm ihren Sack wieder auf die Schultern und verließ die Höhle. Ihr Sorgensack schien ihr plötzlich leicht, sodass sie ihn gar nicht mehr auf ihren Schultern spürte und leichtfüßig und guten Mutes davon schritt. Und jedem, den seine Sorgen fast zu erdrücken schienen, erzählte sie von ihrem Erlebnis.

(Unbekannter Autor)

Zuguterletzt

Trotz der Erkenntnisse und Erfahrungen, die wir im langjährigen Zusammenleben mit unserer besonderen Tochter gesammelt haben, gibt es manchmal Momente der Ratlosigkeit, der Trauer und Hilflosigkeit.

Bei allen Anregungen und Ermunterungen, die Sie in unserem Buch finden und die uns selbst Kraft und Motivation gegeben haben, benötigen auch wir selbst immer wieder einmal Zuspruch, Unterstützung und Verständnis. Aber: Perfektion wird auf Erden von keinem erwartet und wäre ja auch irgendwie langweilig…

ANSTELLE EINES NACHWORTES
Brief an unsere Tochter Bernadette

Liebe Bernadette!

Niemals vergessen wir den Tag deiner Geburt, den 5. Januar 1987. Gerade hattest du das Licht der Welt erblickt und blinzeltest in das Leben. Plötzlich überkam uns eine unbändige Freude, wie wir sie zuvor noch nie erlebt hatten: *Das ist unsere Tochter!* Du bist ein Geschenk Gottes und dieses Geschenk ist eingepackt und wir werden es im Laufe der Zeit auspacken und sehen, was es alles in sich trägt! Seit diesen Augenblicken sind nun über 30 Jahre vergangen und du hast dich auf deine ganz eigene Art wunderbar entwickelt. Du warst und bist ein großes Geschenk für uns, denn du hast uns geholfen, über unsere menschlichen Grenzen schauen zu können.

Was uns besonders an dir gefällt, ist deine Sensibilität und dein Erspüren von Situationen und Stimmungen. Auch übernimmst du gerne Verantwortung und erfüllst diese Aufgaben gewissenhaft. Du bist sehr bescheiden, mit so wenigem zufrieden, was in unserer Konsumwelt besonders auffällt und uns beschämt.

Zum Glücklichsein gehört nicht viel. Du kannst dich über kleine Dinge freuen und bist offen für andere Menschen. Ja, als du als Hilfskraft in einem Seniorenheim gearbeitet hast, wünschte sich eine sterbende Frau, noch einmal ein Lied auf einer Geige zu hören. Du sprachst unsere

Nachbarin an, die sich dazu bereit erklärte, und hast somit den letzten Wunsch einer alten Frau erfüllt.

Wenn wir etwas gemeinsam unternehmen, dann sagst du zum Abschluss jedes Mal: »Es war schön mit dir!« Danke dafür.

Du liebst inständig und seit Jahren treu den Schlagersänger Semino Rossi, den wir vorher gar nicht kannten. Jetzt wissen wir alles über ihn und kennen alle seine Lieder. Wir bangen mit dir, ob er mal wieder in unsere Stadt kommt und ein Konzert gibt, das du dann gerne besuchst. In der Zwischenzeit gibt es Semino-Kissen, Semino-Schals, Semino-Schlüsselanhänger, Semino-Autogramme und den jährlichen Semino-Kalender. Tritt dann Semino endlich wieder einmal im Fernsehen auf, entgeht deinem Forscherblick keine Sendung in der Programmzeitschrift. Wir können sagen: Semino ist Teil unserer Familie geworden!

Du bist nun gerne in deiner Wohngemeinschaft mit fünf anderen Frauen, in der du dich wohlfühlst und sehr selbständig lebst. Darüber sind wir sehr glücklich und stolz. Einmal waren wir bei dir zu Besuch und durften den Singekreis miterleben. Das Lied, das ihr sangt, rührte uns zu Tränen: »Die Welt ist schön – wir danken dir, lieber Gott.« Ja, das lebst du uns vor – und wir wünschen dir für dein weiteres Leben Gottes Segen. Wir wissen, dass du etwas Besonderes bist, und danken dir und Gott dafür. Du kannst dich immer auf uns verlassen!

In Liebe,
Mama und Papa

Anmerkungen

1 Jürgen Werth, *Du bist Du*. In: *psst ... Lauter leise Lieder*. Aßlar 2009. Ohne Paginierung.
2 Emily Pearl Kingsley, *Welcome to Holland*. 1987.
3 Antje Kunstmann, Mütter über ihr Leben mit einem behinderten Kind: »Wie anders sind wir eigentlich?«, *www.brigitte.de/familie/mitfuehlen/kinder-mit-behinderung--zwei-muetter-ueber-ihre-erfahrungen-10900286.html* (abgerufen 17.12.2017).
4 Eckart von Hirschhausen, *Wunder wirken Wunder*. Reinbek 2016. S. 96.
5 Nach Motiven von Erma Bombeck: *Vier Hände und ein Herz voll Liebe*. Bergisch-Gladbach 1985.
6 *http://kaiserinnenreich.de/2016/12/11/und-wie-machst-du-das-antje-3/#more-3014* (abgerufen am 17.12.2017).
7 Pater Florian Prinz von Bayern, *Weil es etwas Größeres gibt*. Freiburg 2010. S. 39.
8 Michael Ende, *MOMO oder Die seltsame Geschichte von den Zeit-Dieben und von dem Kind, das den Menschen die gestohlene Zeit zurückbrachte*. Stuttgart 1973. S. 36 f.
9 Vgl. *Lebenshilfe Zeitung* 3/2017, S. 22.
10 Vgl. Gabriele Oettingen, *Die Psychologie des Gelingens*. München 2017.
11 Eva Jürgensen, *www.brigitte.de/familie/mitfuehlen/kinder-mit-behinderung--zwei-muetter-ueber-ihre-erfahrungen-10900286.html* (abgerufen am 4.1.2018).
12 Doro May, *Meine besondere Tochter – Liebe zu einem Kind mit Behinderung*. St. Ulrich Verlag, Augsburg 2010. S. 27.
13 Andrea Fischer in: Heike Neumann, *Verkürzte Kindheit – Vom Leben Geschwister behinderter Menschen*. Krummwisch 2001, S. 10.

ANMERKUNGEN

14 Heinrich Tröster, *Sind Geschwister behinderter oder chronisch kranker Kinder in ihrer Entwicklung gefährdet? Ein Überblick über den Stand der Forschung*. In: *Zeitschrift für Klinische Psychologie*, Heft 3/1999, S. 172.

15 Eckart von Hirschhausen, *Wunder wirken Wunder*. S. 96.

16 Susanne Meier, *Inklusive Beschulung für ein Kind mit schwerer Behinderung? Ein langer Weg, der sich lohnt – für alle!* In: *www.netzwerkinklusion. de/assets/default/Geschichten/ Meier_161039.pdf* (abgerufen am 4.1.2018).

17 *www.lebenshilfe.de/de/ leben-mit-behinderung/unser-kind/060-Welcher-Kindergarten. php?listLink=1* (abgerufen am 4.1.2018).

18 Vgl. Klaus Klemm, *Sonderweg Förderschulen – Hoher Einsatz, wenig Perspektive*. Bertelsmann-Stiftung, Gütersloh 2009, S. 7.

19 Vgl. *www.bertelsmann-stiftung. de/fileadmin/files/BSt/Publikationen/GrauePublikationen/ Studie_IB_Klemm-Studie_Inklusion_2015.pdf* (abgerufen am 4.1.2018).

20 Vgl. *www.caritas.de/hilfeundberatung/onlineberatung/behinderungundpsychischeerkrankung/ faqbehinderung/61825* (abgerufen am 4.1.2018).

21 Holm Schneider, *»Was soll aus diesem Kind bloß werden?« 7 Lebensläufe von Menschen mit Down-Syndrom*. Schwarzenfeld 2014, S.8f.

Adressen und Informationen

Man muss nicht alles wissen, man muss nur wissen, wo es steht.

Arbeit

Katja Kruse, *Berufstätig sein mit einem behinderten Kind*, http://bvkm.de/wp-content/uploads/broschuere_wegweiser_gesamt_light-1.pdf

Behindertenverbände

Bundesverband Autismus
Deutschland e. V.
Rothenbaumchaussee 15
20148 Hamburg
Telefon 0 40/5 11 56 04
Telefax 040/5 11 08 13
www.autismus.de
E-Mail info@autismus.de

Der Verband vertritt als Elternselbsthilfeverband die Interessen von Menschen mit Autismus und ihrer Angehörigen. Er betreibt umfassende Aufklärung über das autistische Syndrom und die vorhandenen wissenschaftlichen Erkenntnisse und gibt Bücher sowie Broschüren heraus

Bundesverband
»Das frühgeborene Kind« e. V.
www.fruehgeborene.de

Der Verband bietet ein Netzwerk an Selbsthilfe-Initiativen und Beratungsstellen für Frühchenfamilien und ist eine Kontakt- und Vermittlungsstelle für Angehörige, die Hilfe und Informationen benötigen

Bundesverband für körper- und mehrfachbehinderte Menschen e. V. (BVKM)
Brehmstr. 5–7
40239 Düsseldorf
Telefon 02 11/6 40 04-0
Telefax 02 11/6 40 04-20
www.bvkm.de
E-Mail info@bvkm.de

Im Verband haben sich 28 000 Menschen zusammengeschlossen. Es gibt 250 Orts- und Kreisvereine mit Eltern, ehrenamtlichen Helfern und Fachkräften. Zentrales Anliegen ist die gegenseitige Unterstützung und Beratung Eltern behinderter Kinder und behinderter Menschen

ADRESSEN UND INFORMATIONEN

Bundesvereinigung Lebenshilfe e. V.
Raiffeisenstr. 18
35043 Marburg
Telefon 0 64 21/4 91-0
Telefax 0 64 21/4 91-1 67
www.lebenshilfe.de
E-Mail
bundesvereinigung@lebenshilfe.de

Die Lebenshilfe ist eine Selbsthilfevereinigung sowie ein Eltern-, Fach- und Trägerverband für Menschen mit geistiger Behinderung und ihre Familien. Sie bietet Beratungs- und Betreuungsangebote mit unterschiedlichen Einrichtungen und Projekten

Arbeitsgemeinschaft Spina bifida
und Hydrocephalus
www.asbh.de

Die Arbeitsgemeinschaft bietet regionale Kontakte in den Selbsthilfegruppen und Landesverbänden, Information und Öffentlichkeitsarbeit, Beratung, Informationsmaterial und Fachliteratur, Austausch, Zusammenarbeit mit Fachärzten und Kliniken, Förderprogramme in verschiedenen Lebensstufen

Deutsche Epilepsievereinigung
www.epilepsie.sh

Informationen, Anregungen, Kontaktadressen, Beratungsmöglichkeiten und vieles mehr rund um das Thema Epilepsie

Deutscher Blinden und Sehbehindertenverband e. V. (DSBV)
Rungestr. 19
10179 Berlin
Telefon 0 30/28 53 87-0
Telefax 0 30/28 53 87-2 00
www.dbsv.org
E-Mail info@dbsv.org

Ziel des Verbandes ist es, die Lebenssituation der Augenpatienten sowie der blinden und sehbehinderten Menschen zu verbessern

Deutscher Gehörlosen-Bund e. V.
Prenzlauer Allee 180
10405 Berlin
Telefon 0 30/49 90 22-66
Telefax 0 30/49 90 22-10
www.gehoerlosen-bund.de
E-Mail info@gehoerlosen-bund.de

Der Deutsche Gehörlosen-Bund vertritt die sozialpolitischen, kulturellen, beruflichen und gesundheitspolitischen Interessen der Gehörlosen und anderer Menschen mit Hörbehinderung mit dem Ziel ihrer Gleichstellung und Selbstbestimmung

Deutscher Schwerhörigenbund e. V.
Bundesgeschäftsstelle
Sophie-Charlottenstr. 23A
14059 Berlin
Telefon 0 30/47 54 11 14
Telefax 0 30/47 54 11 16
www.schwerhoerigen-netz.de
E-Mail
dsb@schwerhoerigen-netz.de

Der DSB bietet Hilfen zu den Themen Hörschädigung/Schwerhörigkeit an

www.hilfe-fuer-kranke-kinder.de

Ziel des Vereins ist es, die ganzheitliche Betreuung kranker Kinder zu fördern und Familien in Notlagen zu unterstützen

insieme Schweiz: Schweizerische Elternvereinigung für Menschen mit geistiger Behinderung
Aarbergergasse 33 / Postfach 68 19
CH-3001 Bern
Telefon 00 41/31/3 00 50 20
Telefax 00 41/31/3 00 50 21
www.insieme.ch
E-Mail sekretariat@insieme.ch

Insieme-Vereine sorgen in den Regionen für eine breite Palette von Angeboten für Menschen mit geistiger Behinderung und ihre Angehörigen: Ferien-, Bildungs- und Freizeitangebote, Entlastungsmöglichkeiten, Erfahrungsaustausch

Interessenvertretung
Selbstbestimmt Leben in
Deutschland e. V.
Krantorweg 1
13503 Berlin
Telefon 0 30/40 57 14 09
Telefax 0 30/40 57 36 85
www.isl-ev.de
E-Mail info@isl-ev.de

Behinderung ist kein Hindernis für eine selbstbestimmte und eigenständige Lebensführung

LERNEN FÖRDERN –
Bundesverband zur Förderung Lernbehinderter e. V.
ww.lernen-foerdern.de

Schwerpunkt der Selbsthilfearbeit ist, Menschen mit Lernbehinderungen zu informieren, zu beraten und zu unterstützen sowie den Austausch miteinander zu fördern

Österreichischer Behindertenrat
Favoritenstr. 111/ TOP11
A-1100 Wien
Telefon 0043/1/5 13 15 33
Telefax 00 43/1/5 13 15 33-150
www.behindertenrat.at
E-Mail dachverband@behindertenrat.at

Beruf

REHADAT Informationssystem zur beruflichen Teilhabe von Menschen mit Behinderung
Institut der deutschen Wirtschaft Köln e. V.
Konrad-Adenauer-Ufer 21
50668 Köln
Telefon 02 21/49 81-8 12
Telefax 02 21/49 81-5 33
www.rehadat.de
E-Mail info@rehadat.de

Berufliche Teilhabe von Menschen mit Behinderung

ADRESSEN UND INFORMATIONEN

www.bag-btz.de
Überblick über 52 Berufsbildungswerke

Bundesteilhabegesetz (BTHG)

www.teilhabestattausgrenzung.de

Familienerholung

Bundesarbeitsgemeinschaft
Familienerholung
c/o Verband der Kolpinghäuser
Breite Str. 110
50667 Köln
Telefon 02 21/29 24 13-16
www.bag-familienerholung.de
E-Mail
info@bag-familienerholung.de

Gemeinnützige Familienferienstätten in Deutschland bieten familienfreundliche Unterkünfte zu erschwinglichen Preisen an

Elly Heuss Knapp Stiftung
Deutsches Müttergenesungswerk
Bergstr. 63
10115 Berlin
Telefon 0 30/33 00 29-0
Telefax 0 30/33 00 29-20
www.muettergenesungs-werk.de
E-Mail
info@muettergenesungswerk.de

Als gemeinnützige Stiftung setzt sich das MGW für die Gesunderhaltung und gesundheitliche Wiederherstellung von Müttern und Vätern ein. Bundesweit bieten rund 1 200 Beratungsstellen kostenlose Beratung rund um die Kurmaßnahme

Evangelische Familienerholung
im Diakonischen Werk der EKD
Reichensteiner Weg 24
14195 Berlin
Telefon 0 30/83 00 12 50
Telefax 0 30/83 00 14 50
www.ev-familienerholung.de
E-Mail
familienerholung@diakonie.de

Die Häuser sind offen für alle Menschen mit und ohne Behinderungen und wollen eine Atmosphäre der Begegnung, des Wohlfühlens und der Geborgenheit vermitteln

Nationale Koordinationsstelle
Tourismus für Alle e. V.
NatKo
Fleher Str. 317 a
40215 Düsseldorf
Telefon 02 11/3 36 80 01
Telefax 02 11/3 36 87 60
www.natko.de
E-Mail info@natko.de

Katholischer Arbeitskreis für
FamilienErholung e. V.
Breite Str. 110
50667 Köln
Telefon 02 21/29 24 13-13
Telefax 02 21/29 24 13-50
www.kafe.de
E-Mail fo@kafe.de

Hier sind gemeinnützige Träger von Familienferienstätten und Feriendörfern zusammengeschlossen. Die Ferienanlagen bieten Urlaub für die ganze Familie nach Trägern, Ort oder Bundesland. Außerdem können Sie hier über Postleitzahl und Ort nach der nächstgelegenen Servicestelle suchen sowie einen Beratungstermin vereinbaren

Eheberatungsstellen

Deutsche Arbeitsgemeinschaft für Jugend und Eheberatung e. V. (DAJEB), Bundesgeschäftsstelle
Neumarkter Str. 84 c
81673 München
Telefon 0 89/4 36 10 91

www.dajeb.de/beratungsfuehrer-online/beratung-in-ihrer-naehe/

TEAM.F –
Neues Leben für Familien e.V.
Honseler Bruch 30
58511 Lüdenscheid
Telefon 0 23 51/8 16 86
Telefax 0 23 51/8 06 64
www.team-f.de
E-Mail info@team-f.de

Seminar- sowie Beratungsangebote auf christlicher Grundlage

Freizeitassistenz oder Familienentlastende Dienste

www.reha-servicestellen.de

Ein Verzeichnis der gemeinsamen Reha-Servicestellen, gegliedert

Förderungen

www.bunter-kreis-deutschland.de

Der Bundesverband Bunter Kreis e. V. organisiert, informiert, fördert und vernetzt bundesweit mehr als 80 Nachsorge-Einrichtungen. Sie alle unterstützen schwer und chronisch kranke Kinder und Jugendliche und deren Familien nach der Entlassung aus der Klinik bei der Eingliederung in den Alltag zuhause. Das oberste Ziel des Bundesverbands ist es, qualitätsvolle Nachsorge-Arbeit flächendeckend verfügbar zu machen

Frühförderung

www.fruehfoerderstellen.de

Informationsportal rund um die Frühförderung mit Datenbank der Frühförderstellen in Deutschland

www.bmas.bund.de

Broschüre: Einrichtungen und Stellen der Frühförderung

ADRESSEN UND INFORMATIONEN

Wie wird unser Kind am besten gefördert?

www.lebenshilfe.de/de/leben-mit-behinderung/unser-kind/070-Wie-koennen-wir-unser-Kind.php?listLink=1

Umfangreiche Informationen zum Thema Förderung mit Adressen

Geschwister

Geschwisterthematik: www.stiftung-familienbande.de

Informationen zu den relevanten Internetportalen zum Austausch, für Elternseminare und Vorträge sowie Literaturtipps und Buchbesprechungen zur Geschwisterthematik

Geschwisterthematik-Broschüre: Isolde Stanczak / Andreas Podeswik: *Ich bin auch noch da. Ratgeber zu dem Thema Geschwisterkinder für Eltern von chronisch kranken und/ oder behinderten Kindern.* Zum Herunterladen: *www.bunter-kreis-deutschland.de/fileadmin/ user_upload/files/Broschueren/ Elternratgeber.pdf*

Inklusion

Bundesarbeitsgemeinschaft »Gemeinsam leben – gemeinsam lernen e. V.« www.gemeinsamleben-gemeinsamlernen.de

Der Verein vernetzt die Arbeit der hessenweit arbeitenden Elterninitiativen. Er erfasst Informationen über Erfahrungen, Arbeitsweisen und Fortschritten bei der Umsetzung der Inklusion. Mit Links zu anderen Länderarbeitsgemeinschaften

Krankheiten

Allianz Chronischer Seltener Erkrankungen (ACHSE) e. V.
c/o DRK-Kliniken Berlin | Mitte
Drontheimer Str. 39
13359 Berlin
Telefon 0 30/3 30 07 08-22
Telefax 01 80/5 89 89 04
E-Mail beratung@achse-online.de

Die Betroffenen- und Angehörigenberatung ist die einzige zentrale Anlaufstelle in Deutschland für von seltenen Erkrankungen

Online-Beratung

www.caritas.de/hilfeundberatung/onlineberatung/

Über diese Online-Beratung können Sie einfach und sicher Ihre Fragen zu verschiedenen Hilfethemen stellen, auf Wunsch auch anonym. Die Experten der Caritas beantworten die Fragen in der Regel innerhalb von zwei Werktagen

Stiftung Leben pur:
www.stiftung-leben-pur.de/navigation-links/online-beratung.html

Eine Plattform für die Belange von Menschen mit schweren und mehrfachen Behinderungen. Ziel ihres Wissenschafts- und Kompetenzzentrums ist, die Lebensqualität von Menschen mit schweren und mehrfachen Behinderungen zu verbessern und ihre langfristige Förderung sicherzustellen. Betroffene, Angehörige, Betreuer und Fachkräfte können hier Erfahrungen austauschen und Informationen zu allen Bereichen des täglichen Lebens mit Schwerstbehinderung erhalten

Ratgeber

www.behinderung.org

Ein Ratgeber für sämtliche Lebensaspekte für Menschen mit Behinderung und deren Angehörige

Familienratgeber der
Deutsche Behindertenhilfe –
Aktion Mensch e. V.
Heinemannstr. 36
53175 Bonn
Telefon 02 28/20 92-0
Telefax 02 28/20 92-3 33
www.aktion-mensch.de
www.familienratgeber.de
E-Mail familienratgeber@aktion-mensch.de

Der Familienratgeber der Aktion Mensch ist ein kostenloses Internet-Angebot für Menschen mit Behinderung und ihre Familien. Er bietet Informationen zu einer Vielzahl von Themen, die für Menschen mit Behinderung von Bedeutung sind. Kernstück des Familienratgebers stellt die Adressdatenbank mit rund 25 000 Adressen dar, um wichtige Adressen von Organisationen der Behindertenhilfe und -selbsthilfe in ihrer Nähe zu recherchieren und dort gezielt Beratung und Hilfe zu erhalten

Bundesministerium für Arbeit und Soziales, Referat Information (kostenlos)
53107 Bonn
Telefon 0 30/18 27 27 21
Telefax 0 30/18 10 27 27 21
www.bmas.de
E-Mail publikationen@bundesregierung.de

www.bmas.de/SharedDocs/ Downloads/DE/PDF-Publikationen/a712-ratgeber-fuer-behinderte-mens-390.pdf?__blob=publicationFile

Sehr informativer, kostenloser Ratgeber für Menschen mit Behinderung

Recht

Bundesverband für körper- und mehrfachbehinderte Menschen
Recht & Ratgeber http://bvkm.de/recht-ratgeber/

Vererben http://bvkm.de/wp-content/uploads/Vererben-Stand-18-Mai-2016.pdf

Katja Kruse, *Mein Kind ist behindert. Diese Hilfen gibt es. Überblick über Rechte und finanzielle Leistungen für Familien mit behinderten Kindern* (Als PDF-Datei im Internet: http://bvkm.de/wp-content/uploads/2016_Mein-Kind-ist-behindert-diese-Hilfen-gibt-es.pdf)

Intakt
www.intakt.info

Adressen von Anlaufstellen und Informationen über Rechtsfragen und zustehende Heil- und Hilfsmittel

Reisen

Bundesverband Selbsthilfe Körperbehinderter e. V.
www.bsk-ev.org

Tourismusberatung speziell für körperlich behinderte Menschen

Sozialverband VdK Deutschland
http://www.vdk-reisen.de/Reisebuero/behindertenreisen.htm

Reiseangebote für Menschen mit Behinderung

Rehabilitation

Bundesarbeitsgemeinschaft für Rehabilitation e. V. (BAR)
Solmsstr. 18
60486 Frankfurt/Main
Telefon 0 69/60 50 18-0
Telefax 0 69/60 50 18-29
www.bar-frankfurt.de
E-Mail info@bar-frankfurt.de

Vielfältige Informationen, Broschüren und Adressen zur Reha

Bundesverband für Rehabilitation e. V.
Lievelingsweg 125
53119 Bonn
Telefon 02 28/9 69 84-0
Telefax 02 28/9 69 84-99
www.bdh-reha.de
E-Mail info@bdh-reha.de

Der BDH bietet für neurologische Patienten u. a. rechtliche Beratung und professionelle Vertretung vor Behörden, Versicherungen und den Instanzen der Sozialgerichtsbarkeit sowie ehrenamtliche soziale Betreuung an

Selbsthilfegruppen

AGILE.CH Die Organisationen von Menschen mit Behinderung
Effingerstr. 55
CH-3008 Bern
Telefon 00 41/31/3 90 39 39
Telefax 00 41/31/3 90 39 35
www.agile.ch
E-Mail info@agile.ch

BAG Selbsthilfe – Bundesarbeitsgemeinschaft Selbsthilfe von Menschen mit Behinderung und chronischer Erkrankung und ihren Angehörigen e. V.
Kirchfeldstr. 149
40215 Düsseldorf
Telefon 02 11/3 10 06-0
Telefax 02 11/3 10 06-48
www.bag-selbsthilfe.de
E-Mail info@bag-selbsthilfe.de

In der Bundesarbeitsgemeinschaft haben sich Behindertenverbände und Selbsthilfeorganisationen von behinderten Menschen sowie Angehörigen zusammengeschlossen. Ihre Anschriften teilt die Bundesarbeitsgemeinschaft mit

Bundesverband der Angehörigen psychisch Kranker (BApK)
Familien-Selbsthilfe
Oppelner Str. 130
53119 Bonn
Telefon 02 28/71 00 24 00
Telefax 02 28/71 00 24 29
www.bapk.de
E-Mail bapk@psychiatrie.de

Als Familien-Selbsthilfe setzt sich der Bundesverband für die Verbesserung der Situation psychisch kranker Menschen und ihrer Familien ein

Bundesverband Selbsthilfe Körperbehinderter e. V.
Altkrautheimer Str. 20
74238 Krautheim
Telefon 0 62 94/42 81-0
Telefax 0 62 94/42 81-79
www.bsk-ev.org
E-Mail info@bsk-ev.org

Der BSK verfügt über eine Vielzahl ehrenamtlicher Experten. Es gibt im BSK Fachteams zu den Themen: Barrierefreiheit, Gesundheit, Mobilität, Soziales und Tourismus

ADRESSEN UND INFORMATIONEN

Deutsches Down-Syndrom
InfoCenter
Hammerhöhe 3
91207 Lauf
Telefon 0 91 23/98 21 21 oder 98 98 90
Telefax 0 91 23/98 21 22
www.ds-infocenter.de
E-Mail info@ds-infocenter.de

Vielfältige Informationen, Beratung und Publikationen

Down-Syndrom-Netzwerk
Deutschland e. V.
Telefon 02 21/16 83 19 88
Telefax 02 21/29 42 87 17
www.down-syndrom-netzwerk.de
E-Mail hjs@down-sydrom-Netzwerk.de

Ein Netzwerk von Eltern- und Selbsthilfegruppen der Menschen mit Down-Syndrom

HERZKIND e. V.
Husarenstr. 70
38102 Braunschweig
Telefon 05 31/2 20 66-0
Telefax 05 31/2 20 66-22
www.herzkind.de
E-Mail info@herzkind.de

Information, Beratung und lebensnahe Hilfe für Menschen mit angeborenen Herzfehlern und ihre Familien

Kindernetzwerk für kranke und behinderte Kinder und Jugendliche in der Gesellschaft e. V.
www.kindernetzwerk.de

Der Verein hilft Kindern, Jugendlichen und jungen Erwachsenen mit chronischen Krankheiten und Behinderungen. Eine Online-Datenbank liefert zu rund 2 200 (auch seltenen) Erkrankungen oder Behinderungen weiterführende Adressen von Kliniken, Elternvereinigungen oder betroffenen Eltern sowie verständliche Informationen

NAKOS
Nationale Kontakt und Informationsstelle zur Anregung und Unterstützung von Selbsthilfegruppen
Otto-Suhr-Allee 115
10585 Berlin-Charlottenburg
Telefon 0 30/31 01 89 80
Telefax 0 30/31 01 89 70
www.nakos.de
E-Mail selbsthilfe@nakos.de

NAKOS ist die zentrale bundesweite Anlaufstelle rund um das Thema Selbsthilfe für Interessierte, Betroffene und Angehörige

Sport

Deutscher Behindertensportverband e. V.
Tulpenweg 2–4
50226 Frechen
Telefon 0 22 34/60 00-0
Telefax 0 22 34/60 00-150
www.dbs-npc.de
E-Mail dbs@dbs-npc.de

Informationen und Adressen zum Reha-Sport

Wohlfahrtsverbände

Arbeiterwohlfahrt Bundesverband e. V.
Blücherstr. 62/63
10961 Berlin
Telefon 0 30/2 63 09-0
Telefax 0 30/2 63 09-3 25 99
www.awo.org
E-Mail info@awo.org

Bund Deutscher Kriegsopfer, Körperbehinderter und Sozialrentner (BDKK) e. V.
Stintenberger Str. 16
40882 Mettmann
Telefon 0 21 04/5 45 44
Telefax 0 21 04/80 54 56
E-Mail bdkkev@t-online.de
E-Mail hg-i.-malitz@t-online.de

Deutscher Caritasverband e. V.
Karlstr. 40
79104 Freiburg
Telefon 07 61/2 00-0
Telefax 07 61/2 00-5 72
www.caritas.de
E-Mail info@caritas.de

Deutscher Paritätischer Wohlfahrtsverband e. V. – Gesamtverband –
Oranienburger Str. 13–14
10178 Berlin
Telefon 0 30/2 46 36-0
Telefax 0 30/2 46 36-110
www.der-paritaetische.de
E-Mail info@paritaet.org

Diakonie Deutschland –
Evangelisches Werk für Diakonie und Entwicklung e. V.
Caroline-Michaelis-Str. 1
10115 Berlin
Telefon 0 30/6 52 11-0
Telefax 0 30/6 52 11-33 33
www.diakonie.de
E-Mail diakonie@diakonie.de

Sozialverband VdK Deutschland e. V.
Linienstr. 131
10115 Berlin
Telefon 0 30/9 21 05 80-0
Telefax 0 30/9 21 05 80-110
www.vdk.de
E-Mail kontakt@vdk.de

Literatur

Achilles, Ilse: *Die Situation der Geschwister.* In: *Elternarbeit und Behinderung.* Stuttgart 2014. S. 36–44.

Beuys, Barbara: *Eltern behinderter Kinder lernen neu leben.* Rowohlt Verlag, Reinbek 1993

Büker, Christa: *Leben mit einem behinderten Kind – Bewältigungshandeln pflegender Mütter im Zeitverlauf.* Hogrefe Verlag, Bern 2010

Bundesvereinigung Lebenshilfe (Hg.): *Das Gras wächst nicht schneller, wenn man daran zieht. Therapiemethoden und Förderansätze für Menschen mit Behinderungen. Orientierung und Überblick für Eltern und Mitarbeiter(innen).* Marburg 2006

Bundesvereinigung Lebenshilfe (Hg.): *Vom Betreuer zum Begleiter – Eine Handreichung zur Leitidee der Selbstbestimmung.* Marburg 2016

Edinger, Sabine: *Besondere Eltern von Kindern mit besonderen Bedürfnissen – So stärken Sie sich für das Leben mit Ihrem Kind.* Pro Business Verlag, Berlin 2011

Eckert, Andreas: *Familie und Behinderung – Studien zur Lebenssituation von Familien mit enem behinderten Kind.* Verlag Dr. Kovač, Hamburg 2008

Ernst, Karl-Friedrich: *Behinderung und Teilhabe – Alle Leistungen und Rechte.* Verbraucher-Zentrale NRW, Düsseldorf 2018

Greß, Jürgen: *Recht und Förderung für mein behindertes Kind. Elternratgeber für alle Lebensphasen – alles zu Sozialleistungen, Betreuung und Behindertentestament.* dtv, München ²2014

Hackenberg, Waltraud: *Geschwister von Menschen mit Behinderung – Entwicklung, Risiken, Chancen.* Ernst Reinhardt Verlag, München 2008

LITERATUR

Hennemann, Judith: *Besonderes Glück? Hilfen für Eltern mit einem geistig behinderten Kind*. Mabuse-Verlag, Frankfurt 2011

Hirschhausen, Eckart von: *Wunder wirken Wunder – Wie Medizin und Magie uns heilen*. Rowohlt Verlag, Reinbek 2016

Juul, Jesper: *Unser Kind ist chronisch krank – Kraftquellen für die ganze Familie*. Beltz Verlag, Weinheim und Basel 2014

May, Doro: *Das Leben ist schön, von einfach war nicht die Rede – Meine besondere Tochter ist erwachsen*. Neufeld Verlag/Bundesvereinigung Lebenshilfe, Schwarzenfeld/Marburg 2016

May, Doro: *Meine besondere Tochter – Liebe zu einem Kind mit Behinderung*. St. Ulrich Verlag, Augsburg 2010

Meier, Susanne: *Inklusive Beschulung für ein Kind mit schwerer Behinderung? Ein langer Weg, der sich lohnt – für alle!* In: *www.netzwerkinklusion.de/assets/default/Geschichten/Meier_161039.pdf* (abgerufen am 4.1.2018)

Oettingen, Gabriele: *Die Psychologie des Gelingens*. Droemer Knaur, München 2017

Raila, Petronilla: *»... und es beginnt ein neues Leben!« – Ein behindertes Kind verändert die Familie*. In: *www.familienhandbuch.de/familie-leben/familienformen/behinderung/EinbehindertesKindveraaendertdieFamilie.php* (abgerufen am 4.1.2018)

Retzlaff, Rüdiger: *Familien-Stärken – Behinderung, Resilienz und systemische Therapie*. Klett-Cotta, Stuttgart 2010

Schneider, Holm: *Gewagte Beziehungen*. Neufeld Verlag, Schwarzenfeld 2016

Schneider, Holm: *»Was soll aus diesem Kind bloß werden?« 7 Lebensläufe von Menschen mit Down-Syndrom*. Neufeld Verlag, Schwarzenfeld ²2014

Schwalb, Helmut, und Georg Theunissen: *Inklusion, Partizipation und Empowerment in der Behindertenarbeit*. W. Kohlhammer, Stuttgart 2012

Sohlmann, Sigrid: *Behinderung bei Kindern und Jugendlichen – Hilfe für Eltern, Therapeuten und Pädagogen*. Facultas, Wien 2009

Theunissen, Georg: *Empowerment und Inklusion behinderter Menschen – Eine Einführung in Heilpädagogik und Soziale Arbeit*. Lambertus-Verlag, Freiburg 2013

Tröster, Heinrich: *Sind Geschwister behinderter oder chronisch kranker Kinder in ihrer Entwicklung gefährdet? Ein Überblick über den Stand der Forschung.* In: Zeitschrift für Klinische Psychologie, 1999. Heft 3, S. 160–176.

Wenk, Conny: *Außergewöhnlich.* Neufeld Verlag, Schwarzenfeld ²2015

Wenk, Conny: *Außergewöhnlich: Geschwisterliebe.* Neufeld Verlag, Schwarzenfeld 2017

Wilken, Udo/Barbara Jeltsch-Schudel (Hg.): *Elternarbeit und Behinderung. Empowerment – Inklusion – Wohlbefinden.* Kohlhammer, Stuttgart 2014

Zinkernagel, Sabine: *Wer nur auf die Löcher starrt, verpasst den Käse – Aus dem Leben mit zwei besonderen Kindern.* Neufeld Verlag, Schwarzenfeld ²2013

Die Autoren

Sylvia Sobel, geb. 1960 in Berlin. Studien der Germanistik, Romanistik, Pädagogik und Theologie in Toulouse, Marburg und Berlin. Heirat 1986. 1. Staatsexamen 1992, 2. Staatsexamen 1994 in Berlin.
Drei Kinder, davon ein besonderes Kind. Tätigkeiten an Grund-, Sonder- und Sekundarschulen in Berlin. Zahlreiche Fortbildungen im Bereich der Sonder- und Integrationspädagogik sowie in der Schulmediation. Aktives Mitglied der *Lebenshilfe Berlin*.
Buchveröffentlichung: *Pubertät für Anfänger – Ein außergewöhnlicher Elternratgeber für außergewöhnliche Umstände* (gemeinsam mit Alfred Sobel; Gräfe und Unzer, München 2012).

Alfred Sobel, geb. 1954 in Wiesbaden. Studien der Theologie, Pädagogik und Bibliothekswissenschaft in Mainz, Toulouse und Berlin mit Diplomabschluss 1983. Heirat 1986. Drei Kinder, davon ein besonderes Kind.
Berufliche Tätigkeit als Bibliothekar in Münster und Berlin. Ausbildung zum Mediator. Arbeit als Journalist und Autor.
Zahlreiche Buchveröffentlichungen, u. a. *Pubertät für Anfänger – Ein außergewöhnlicher Elternratgeber für außergewöhnliche Umstände* (zusammen mit Sylvia Sobel; Gräfe und Unzer, München 2012) und *»Gute Ehen werden in der Hölle geschlossen« – Das wilde Leben des Künstlerpaares Hugo Ball und Emmy Hennings zwischen Dadaismus und Glauben* (fe-medienverlag, Kißlegg 2015).

MEHR AUS DEM NEUFELD VERLAG

Was, wenn unser Leben plötzlich ganz anders verläuft als gedacht? Als der Frauenarzt ihr eröffnet, dass auch ihr zweites Kind behindert ist, bricht für Sabine Zinkernagel die Welt zusammen.

Dreht sich ihr Leben nun nur noch um die Defizite ihrer Söhne? Erst allmählich und mit Hilfe von außen entdeckt sie die starken Seiten ihrer beiden besonderen Kinder.

In kurzen Texten beschreibt sie Höhen und Tiefen ihres Familienlebens, Schwieriges und Ermutigendes. Und sie schildert ihr ganz persönliches Ringen um neues Vertrauen in Gott.

Sabine Zinkernagel
Wer nur auf die Löcher starrt, verpasst den Käse
Aus dem Leben mit zwei besonderen Kindern
158 Seiten, gebunden, mit Geschenkkarte
ISBN 978-3-86256-027-1, 2. Auflage 2013
E-Book: ISBN 978-3-86256-702-7

MEHR AUS DEM NEUFELD VERLAG

„Was soll aus diesem Kind bloß werden?" Vielen Eltern hat diese Frage schon schlaflose Nächte bereitet. Auch den Eltern der sieben jungen Menschen, deren Lebenswege Holm Schneider in diesem Buch vorstellt, ging es so, denn ihre Kinder haben eins gemeinsam: das dritte Chromosom 21 in ihren Zellen. Heute sind die sieben erwachsen. Und die Sorge um ihre berufliche Zukunft, um einen Platz in unserer Gesellschaft, bringt ihre Eltern nicht mehr um den Schlaf.

Sieben Lebensläufe, die zeigen, dass Inklusion auf Dauer möglich ist – nicht immer, aber immer öfter.

Holm Schneider
»Was soll aus diesem Kind bloß werden?«
7 Lebensläufe von Menschen mit Down-Syndrom
127 Seiten, gebunden, mit farbigen Fotos
ISBN 978-3-86256-047-9, 2. Auflage 2014
E-Book: ISBN 978-3-86256-744-7

Foto: © Conny Wenk

Der **Neufeld Verlag** ist ein unabhängiger, inhabergeführter Verlag mit einem ambitionierten Programm. Wir möchten bewegen, inspirieren und unterhalten.

Stellen Sie sich eine Welt vor, in der jeder willkommen ist!

Wir haben ein Faible für außergewöhnliche Menschen, für Menschen mit Handicap. Denn wir erleben, dass sie unser Leben, unsere Gesellschaft bereichern. Sie haben uns etwas zu sagen und zu geben.

Folgen Sie uns auch auf www.facebook.com/NeufeldVerlag und in unserem Blog unter www.neufeld-verlag.de/blog!

NEUFELD VERLAG